y 2 22092

Paris
1869

Chamisso, Adalberd de

L'homme qui a perdu son ombre

Histoire merveilleuse   de Pierre Schlémil

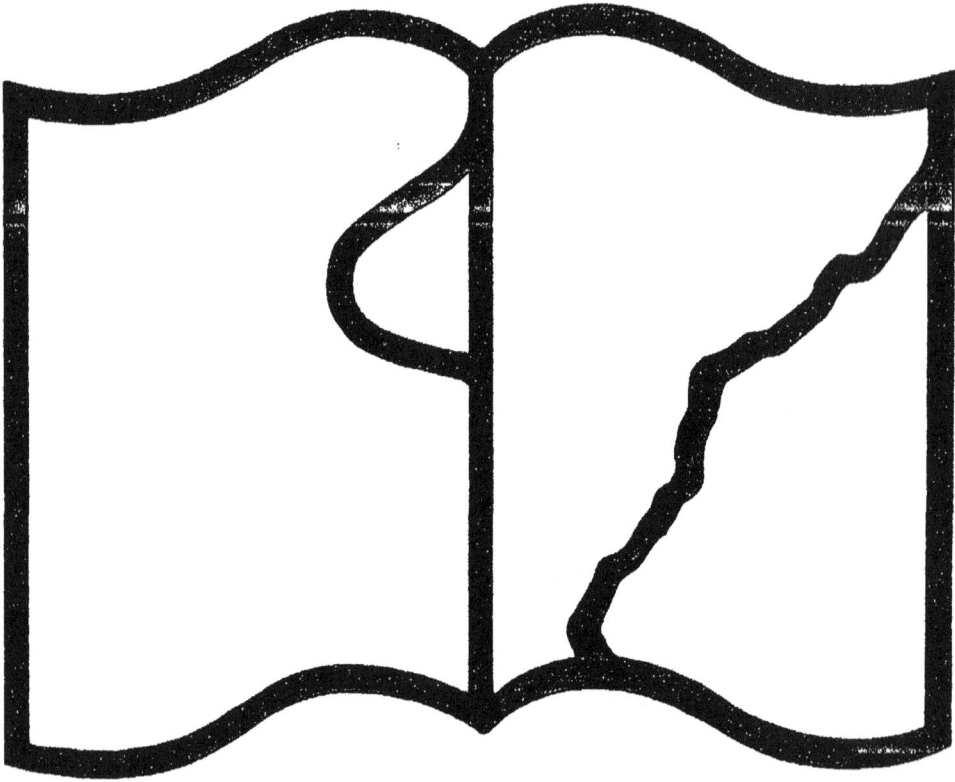

Symbole applicable
pour tout, ou partie
des documents microfilmés

Texte détérioré — reliure défectueuse

NF Z 43-120-11

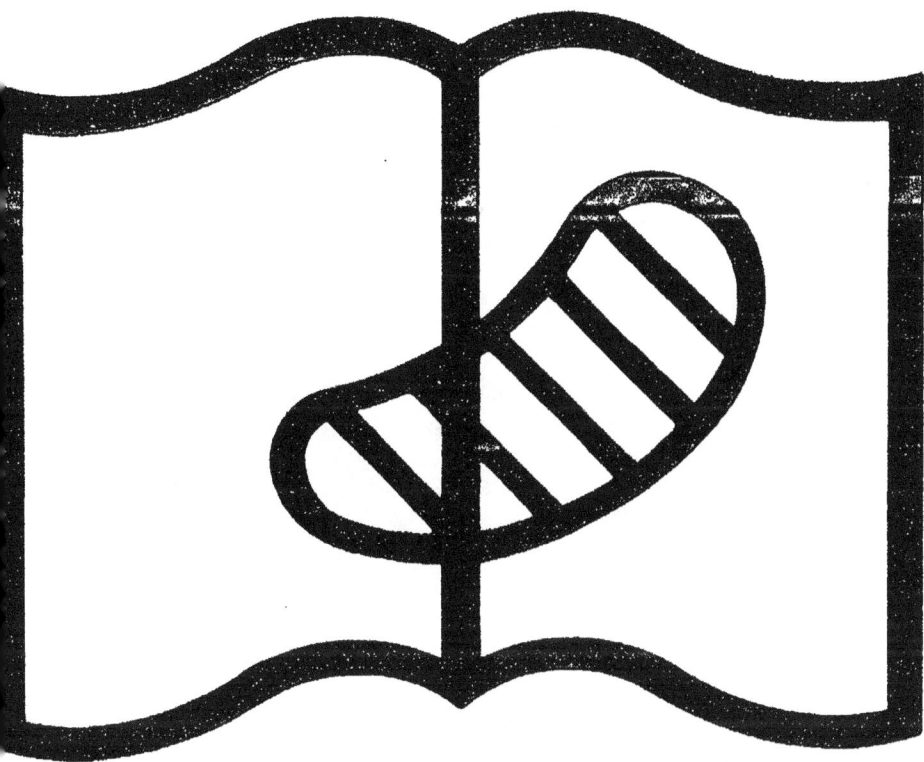

Symbole applicable
pour tout, ou partie
des documents microfilmés

Original illisible

NF Z 43-120-10

HOMME

SON OMBRE

A. de CHAMISSO

PARIS
JULES TARDIEU, ÉDITEUR
1869

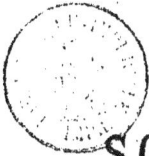

L'HOMME

QUI A PERDU

SON OMBRE

Y^2

Paris. Typ. A PARENT, rue Monsieur-le-Prince, 31.

L'HOMME

QUI A PERDU

SON OMBRE

HISTOIRE MERVEILLEUSE DE PIERRE SCHLÉMIHL

PAR

A. de CHAMISSO

PARIS

JOSEPH ALBANEL, LIBRAIRE

15, RUE DE TOURNON, 15

1869

PRÉFACE.

Ce petit livre n'est pas une nouveauté. Il a été imprimé pour la première fois en allemand en 1814. Les éditions, les traductions, les imitations, les contrefaçons, s'en sont depuis multipliées dans presque toutes les langues de l'Europe, et il est devenu populaire surtout en Angleterre et dans les États-Unis.

J'ai revu, corrigé et approuvé la version que l'on va lire, et qui, ultérieurement corrigée par l'éditeur, a paru en 1822 à Paris chez Ladvocat. Je viens de la revoir et de la corriger encore avant de la remettre au libraire qui me l'a demandée. Je ne laisserai pas toutefois de réclamer l'indulgence des lecteurs pour mon style tant soit peu germanique : le français n'est pas la langue que j'ai coutume d'écrire.

1

*J'extrairai de la correspondance entre
J. E. Hitzig, Fouqué et moi, imprimée en
tête des éditions allemandes, quelques notices
sur l'auteur et le manuscrit dont il m'avait
rendu dépositaire.*

*J'ai connu Pierre Schlémihl en 1804 à Ber-
lin. C'était un grand jeune homme gauche
sans être maladroit, inerte sans être pares-
seux, le plus souvent renfermé en lui-même,
sans paraître s'inquiéter de ce qui se passait autour de lui, inoffensif, mais sans
égard pour les convenances, et toujours vêtu
d'une vieille kurtke noire râpée, qui avait
fait dire de lui qu'il devrait s'estimer heureux si son âme partageait à demi l'im-
mortalité de sa casaque. Il était habituelle-
ment en butte aux sarcasmes de nos amis;
cependant, je l'avais pris en affection, moi :
plusieurs traits de ressemblance avaient éta-
bli un attrait mutuel entre nous.*

*J'habitais, en 1813, à la campagne, près
de Berlin, et, séparé de Schlémihl par les
événements, je l'avais depuis long-temps
perdu de vue, lorsqu'un matin brumeux d'automne, ayant dormi tard, j'appris à mon
réveil qu'un homme à longue barbe, vêtu
d'une vieille kurtke noire râpée et portant
des pantoufles par dessus ses bottes, s'était*

informé de moi et avait laissé un paquet à
mon adresse. — Ce paquet contenait le manuscrit autographe de la merveilleuse histoire de Pierre Schlémihl.

J'ai mal usé de la confiance de mon malheureux ami. J'ai laissé voir le manuscrit
que j'aurais dû tenir caché, et Fouqué a com-
mis l'indiscrétion de le faire imprimer. Je
n'ai pu dès lors qu'en soigner les éditions.
J'ai porté la peine de ma faute ; on m'a asso-
cié à la honte de Schlémihl, que j'avais contribué à divulguer. Cependant, j'ai vieilli depuis lors, et, retiré du monde, le respect
humain n'a plus d'empire sur moi. J'avoue
aujourd'hui sans hésiter l'amitié que j'ai eue
pour Pierre Schlémihl.

Cette histoire est tombée entre les mains de
gens réfléchis, qui, accoutumés à ne lire que
pour leur instruction, se sont inquiétés de
savoir ce que c'était que l'ombre. Plusieurs
ont fait à ce sujet des hypothèses fort cu-
rieuses ; d'autres, me faisant l'honneur de
me supposer plus instruit que je ne l'étais,
se sont adressés à moi pour en obtenir la so-
lution de leurs doutes. Les questions dont j'ai
été assiégé m'ont fait rougir de mon igno-
rance. Elles m'ont déterminé à comprendre
dans le cercle de mes études un objet qui,

jusque là, leur était resté étranger, et je me suis livré à de savantes recherches dont je consignerai ici le résultat.

DE L'OMBRE.

« *Un corps opaque ne peut jamais être* » *éclairé qu'en partie par un corps lumineux,* » *et l'espace privé de lumière qui est situé* » *du côté de la partie non éclairée est ce* » *qu'on appelle* ombre. *Ainsi, l'ombre pro-* » *prement dite représente un solide dont la* » *forme dépend à la fois de celle du corps* » *lumineux, de celle du corps opaque, et de* » *la position de celui-ci à l'égard du corps* » *lumineux.*

» *L'ombre, considérée sur un plan situé* » *derrière le corps opaque qui la produit,* » *n'est autre chose que la section de ce plan* » *dans le solide qui représente l'ombre.* »

HAUY,

Traité élémentaire de physique, t. II, § 1003 et 1006.

C'est donc de ce solide qu'il est question dans la merveilleuse histoire de Pierre Schlé-mihl. La science de la finance nous instruit assez de l'importance de l'argent ; celle du l'ombre est moins généralement reconnue. Mon imprudent ami a convoité l'argent, dont il connaissait le prix, et n'a pas songé au solide. La leçon qu'il a chèrement payée, il veut qu'elle nous profite, et son expérience nous crie: songez au solide.

Berlin, en novembre 1837.

ADELBERT DE CHAMISSO.

HISTOIRE MERVEILLEUSE

DE

PIERRE SCHLÉMIHL

I

Nous entrâmes au port après une heureuse
traversée qui, cependant, n'avait pas été pour
moi sans fatigues. Dès que le canot m'eut mis
à terre, je me chargeai moi-même de mon très
mince bagage, et, fendant la foule, je gagnai
la maison la plus prochaine, et la plus modeste
de toutes celles où je voyais pendre des ensei-
gnes. Je demandai une chambre. Le garçon
d'auberge, après m'avoir toisé d'un coup d'œil,
me conduisit sous le toit. Je me fis donner de
l'eau fraîche, et m'informai de la demeure de
M. Thomas John. « Sa maison de campagne,
» me dit-il, est la première à main droite, en
» sortant par la porte du Nord; c'est le palais
» neuf aux colonnades de marbre. » Il était encore de bonne heure; j'ouvris ma valise, j'en
tirai mon frac noir, récemment retourné, et,
m'étant habillé le plus proprement possible,

Je me mis en chemin, muni de la lettre de re-
commandation qui devait intéresser à mes mo-
destes espérances le patron chez qui j'allais
me présenter.

Après avoir monté la longue rue du Nord et
passé la barrière, je vis bientôt briller les colonnes à travers les arbres qui bordaient la
route. C'est donc ici, me dis-je. J'essuyai avec
mon mouchoir la poussière de mes souliers,
j'arrangeai les plis et le nœud de ma cravate,
et, à la garde de Dieu, je tirai le cordon de la
sonnette. La porte s'ouvrit. Il me fallut d'abord
essuyer un interrogatoire, mais enfin le portier
voulut bien me faire annoncer, et j'eus l'honneur d'être appelé dans le parc, où M. John se
promenait avec sa société. Je le reconnus aisé-
ment à l'air de suffisance qui régnait sur son
visage arrondi. J'eus à me louer de son accueil,
qui toutefois ne me fit pas oublier la distance
qui sépare un homme riche d'un pauvre diable.
Il fit un mouvement vers moi, sans pourtant
se séparer de sa société, prit la lettre de re-
commandation que je lui présentais, et dit en
en regardant l'adresse : « De mon frère ! il y a
» bien long-temps que je n'ai entendu parler de
» lui. Il se porte bien ? » — Et, sans attendre
ma réponse, il se retourna vers son monde, mon-
trant avec la lettre une colline qui s'élevait à
quelque distance. — « C'est là, dit-il, que je
» veux construire le nouveau bâtiment dont je
» vous ai parlé. » — Puis il brisa le cachet,
sans toutefois interrompre la conversation, qui
roulait sur les avantages de la fortune. — « Ce-

» lui qui ne possède pas au moins un million,
» dit-il, n'est (pardonnez-moi le mot), n'est
» qu'un *gueux*. » — « Quelle vérité ! » m'é-
criai-je avec l'accent d'une douloureuse con-
viction. L'expression de ma voix le fit sourire :
il se tourna vers moi. — « Restez, mon ami,
» me dit-il, peut-être plus tard aurai-je le temps
» de vous dire ce que je pense de votre affai-
» re. » Il mit dans sa poche la lettre qu'il avait
parcourue des yeux, et offrit le bras à une jeune
dame. Le reste de la société l'imita ; chacun
s'empressa auprès de la beauté qui l'intéres-
sait. Les groupes se formèrent, et on s'achemina
vers la colline émaillée de fleurs que M. John
avait désignée.

Pour moi, je fermais la marche, sans être à
charge à personne, car personne ne faisait attention à moi. Tour à tour on folâtrait, on par-
lait avec gravité de choses vaines et futiles, on
traitait avec légèreté les sujets les plus graves,
et l'épigramme s'aiguisait, surtout aux dépens
des absents. J'étais trop peu fait à ce genre de
conversation, trop étranger dans ce cercle, et
trop préoccupé pour avoir l'esprit à ce qui se
disait, et m'amuser de tant d'énigmes.

On avait atteint le bosquet, lorsque la jeune
Fanny, qui semblait être l'héroïne du jour,
s'entêta à vouloir arracher une branche de ro-
sier fleurie. Une épine la blessa, et quelques
gouttes de sang vermeil relevèrent encore la
blancheur de sa main. Cet événement mit toute
la société en mouvement. On demandait, on
cherchait du taffetas d'Angleterre. Un homme

âgé, pâle, grêle, sec et effilé, qui suivait la troupe en silence et à l'écart, et que je n'avais pas encore remarqué, accourut, et glissant la main dans la poche étroite de son antique juste-au-corps de taffetas gris cendré, en tira un petit portefeuille, l'ouvrit, et avec la plus profonde révérence présenta à la dame ce qu'elle demandait. Elle accepta ce service avec distraction, et sans adresser le plus léger remercîment à celui qui le lui rendait. La plaie fut pansée, et l'on continua à gravir la colline, du sommet de laquelle les yeux s'égaraient sur un labyrinthe de verdure, pour se reposer, plus loin, sur l'immensité de l'Océan. La perspective était en effet magnifique.

Un point lumineux se faisait remarquer à l'horizon, entre le vert foncé des flots et l'azur du ciel.— « Une lunette ! » s'écria M. John.— A peine les laquais, accourus à la voix du maître, avaient entendu ses ordres, que déjà l'homme en habit gris, s'inclinant d'un air respectueux, avait remis la main dans sa poche et en avait tiré un très beau télescope qu'il avait présenté à M. John.

Celui-ci, considérant l'objet lointain, annonça à la société que c'était le vaisseau qui, la veille, était sorti du port, et que les vents contraires retenaient à la vue des côtes. La lunette d'approche passa de main en main, mais ne revint point dans celles de son propriétaire. Quant à moi, j'examinai cet homme avec surprise, et je ne pouvais comprendre comment un si long instrument avait pu tenir dans sa poche; mais personne ne semblait y prendre garde, et l'on ne s'inquiétait pas plus de l'homme en habit gris que de moi.

On offrit des rafraîchissements ; les fruits les plus rares, les plus exquis, furent servis dans des corbeilles élégantes et sur les plus riches plateaux. M. John faisait avec aisance les honneurs de la collation. Il m'adressa pour la seconde fois la parole. — « Prenez, me dit-il, cela vous » manquait à bord. » Je m'inclinai pour lui répondre, mais déjà il causait avec un autre.

Si l'on n'eût craint l'humidité du gazon, on se serait assis sur le penchant de la colline, pour jouir de la beauté du paysage. — « Il » serait ravissant, dit quelqu'un de la société, » de pouvoir étendre ici des tapis. » A peine ce vœu avait été prononcé, que déjà l'homme en habit gris avait la main dans sa poche, occupé, de l'air le plus humble, à en faire sortir une riche étoffe de pourpre, brodée d'or. Les domestiques la reçurent tranquillement de ses mains, et la déroulèrent sur l'herbe : toute la société y prit place. Moi, stupéfait, je considérais tour à tour et l'homme, et la poche, et le tapis, qui avait plus de vingt aunes de long, sur dix de large. Je me frottais les yeux, et je ne savais que penser, que croire, en voyant surtout que personne ne témoignait la moindre surprise.

J'aurais voulu m'informer quel était cet homme, mais je ne savais à qui m'adresser, car j'étais aussi timide envers messieurs les valets qu'envers le reste de la société. Je m'enhardis enfin, et m'approchant d'un jeune homme qui me semblait sans conséquence, et qu'on avait souvent laissé seul, je le priai à demi-voix de m'apprendre quel était ce complaisant d'une nouvelle espèce, vêtu d'un habit de taffetas gris. — « Qui? me répondit-il, celui qui ressemble à un bout de fil échappé de l'aiguille d'un tailleur? » — « Oui, celui qui se tient là seul à l'écart. » — « Je ne le connais pas. » Il me tourna le dos, et, sans doute pour éviter mes questions, il se mit à parler de choses indifférentes avec un autre.

Cependant le soleil avait dissipé les nuages, et l'ardeur de ses rayons commençait à incommoder les dames. La belle Fanny, se tournant négligemment vers l'homme en habit gris, auquel personne, que je sache, n'avait encore adressé la parole, lui demanda si, par hasard, il n'aurait pas aussi une tente sur lui. Il ne répondit que par le salut le plus profond, comme s'il eût été loin de s'attendre à l'honneur qu'on lui faisait. Et cependant il avait déjà la main dans sa poche, dont je vis sortir, à la file, pieux, cordes, clous, coutil, en un mot tout ce qui peut entrer dans la construction du pavillon le plus commode. Les jeunes gens s'empressèrent d'en faire usage, et une tente ombragea bientôt de sa gracieuse coupole tout le riche tapis précédemment étendu sur le gazon. — Personne, cependant, ne donnait la moindre marque d'étonnement.

Déjà j'étais frappé d'une secrète horreur, et je frissonnais involontairement; que devins-je, lorsqu'au premier désir exprimé dans la société, je vis l'homme gris tirer trois chevaux de sa poche : — Oui, trois beaux chevaux noirs, à tous crins, sellés et bridés, de cette même poche dont venaient déjà de sortir un portefeuille, une lunette d'approche, un tapis de vingt aunes de long sur dix de large, et une tente des mêmes dimensions. — Certes, mon ami, tu refuserais de le croire, si je ne t'affirmais avec serment l'avoir vu de mes propres yeux.

Quelle que fût, d'une part, l'humilité de l'homme en habit gris, et de l'autre, l'insouciance de la société à son égard, moi, je ne pouvais détourner les yeux de sa personne, et son aspect me faisait frémir. Il me devint impossible de le supporter plus long-temps. Je résolus de m'éloigner, ce qui, vu le rôle insignifiant que je jouais, devait m'être facile. Je voulais retourner à la ville, rendre le lendemain une nouvelle visite à M. John, et, si j'en avais l'occasion ou le courage, lui faire quelques questions au sujet de l'homme étrange en habit gris. Trop heureux si j'avais réussi à m'échapper !

Déjà je m'étais glissé hors du bosquet, et me trouvais au pied de la colline, sur une vaste pièce de gazon, lorsque la crainte d'être surpris hors des allées me fit regarder autour de moi. Quel fut mon effroi ! En me retournant, j'aperçus l'homme en habit gris, qui me suivait et venait à moi. Il m'ôta d'abord son chapeau, et s'inclina plus profondément que jamais personne n'avait fait devant moi. Il était clair qu'il voulait me parler, et je ne pouvais plus l'éviter sans impolitesse. Je lui ôtai donc aussi mon chapeau et lui rendis son salut. Je restai la tête nue, en plein soleil, immobile comme si j'eusse pris racine sur le sol ; je le regardais fixement, avec une certaine crainte, et je ressemblais à l'oiseau que le regard du serpent a fasciné ; lui-même paraissait embarrassé ; il n'osait lever les yeux, et s'avançait en s'inclinant à différentes reprises. Enfin, il m'aborde et m'adresse ces paroles à voix basse, et du ton indécis qui aurait convenu à un pauvre honteux :

« Monsieur daignera-t-il excuser mon importunité, si, sans avoir l'honneur d'être connu de lui, j'ose me hasarder à l'aborder. J'aurais une humble prière à lui faire. Si Monsieur voulait me faire la grâce... — « Mais, au nom de Dieu, Monsieur, m'écriai-je en l'interrompant dans mon anxiété, que puis-je pour un homme qui... » Nous demeurâmes court tous les deux, et je crois que la rougeur nous monta également au visage.

Après un intervalle de silence, il reprit la parole : — « Pendant le peu de moments que j'ai joui du bonheur de me trouver près de vous, j'ai, à plusieurs reprises..... Je vous demande mille excuses, Monsieur, si je prends la liberté de vous le dire, j'ai contemplé avec une admiration inexprimable l'ombre superbe que, sans aucune attention et avec un noble mépris, vous jetez à vos pieds..... cette ombre même que voilà. Encore une fois, Monsieur, pardonnez à votre humble serviteur l'insigne témérité de sa proposition : daigneriez-vous consentir à traiter avec moi de ce trésor? pourriez-vous vous résoudre à me le céder? »

Il se tut, et j'hésitais à en croire mes oreilles. « M'acheter mon ombre! il est fou, me dis-je en moi-même, » et d'un ton qui sentait peut-être un peu la pitié, je lui répondis :

« Eh! mon ami, n'avez-vous donc point assez de votre ombre! Quel étrange marché me proposez-vous!..... » Il continua. « J'ai dans ma poche bien des choses qui pourraient n'être pas indignes d'être offertes à Monsieur. Il n'est rien que je ne donne pour cette ombre inestimable; rien à mes yeux n'en peut égaler le prix. »

Une sueur froide ruissela sur tout mon corps lorsqu'il me fit ressouvenir de sa poche, et je ne compris plus comment j'avais pu le nommer mon ami. Je repris la parole, et tâchai de réparer ma faute à force de politesses.

« Mais, Monsieur, lui dis-je, excusez votre très humble serviteur; sans doute que j'ai mal compris votre pensée. Comment mon ombre pourrait-elle...? Il m'interrompit. — Je ne demande à Monsieur que de me permettre de ramasser ici son ombre et de la mettre dans ma poche; quant à la manière dont je pourrai m'y prendre, c'est mon affaire. En échange, et pour prouver à Monsieur ma reconnaissance, je lui laisserai le choix entre plusieurs bijoux que j'ai avec moi : l'herbe précieuse du pêcheur Glaucus; la racine de Circé; les cinq sous du Juif-Errant; le mouchoir du grand Albert; la man-

dragore ; l'armet de Mambrin ; le rameau d'or ;
le chapeau de Fortunatus, remis à neuf, et
richement remonté, ou, si vous préfériez, sa
bourse... » — « La bourse de Fortunatus ! »
m'écriai-je. Et ce seul mot, quelle que fût
d'ailleurs mon angoisse, m'avait tourné la tête.
Il me prit des vertiges, et je crus entendre les
doubles ducats tinter à mon oreille.

« Que Monsieur daigne examiner cette bourse
et en faire l'essai. » — Il tira en même temps
de sa poche et remit entre mes mains un sac
de maroquin à double couture et fermé par des
courroies. J'y puisai, et en retirai dix pièces
d'or, puis dix autres, puis encore dix, et toujours dix. — Je lui tendis précipitamment la
main. — « Tope ! dis-je, le marché est conclu,
pour cette bourse vous avez mon ombre. » —
Il me donna la main, et sans plus de délai se
mit à genoux devant moi : je le vis avec la plus
merveilleuse adresse détacher légèrement mon
ombre du gazon depuis la tête jusques aux
pieds, la plier, la rouler, et la mettre enfin dans
sa poche.

Il se releva quand il eut fini, s'inclina devant moi, et se retira dans le bosquet de roses.
Je crois que je l'entendis rire en s'éloignant.
Pour moi, je tenais ferme la bourse par les
cordons ; la terre était également éclairée tout
autour de moi, et je n'étais pas encore maître
de mes sens.

II

Enfin je revins à moi, et me hâtai de quiter ce lieu, où j'espérais ne plus avoir rien à faire. Je commençai par remplir mes poches d'or, puis je suspendis la bourse à mon cou et la cachai sous mes vêtements. Je sortis du parc sans être remarqué; je gagnai la grand'route, et je m'acheminai vers la ville.

J'approchais de la porte, lorsque j'entendis crier derrière moi : — « Jeune homme! Eh! jeune homme! écoutez donc! » — Je me retournai, et j'aperçus une vieille femme, qui me dit : — « Prenez donc garde, Monsieur, vous avez perdu votre ombre. » — « Grand merci, ma bonne mère, » lui répondis-je, en lui jetant une pièce d'or pour prix de son bon avis, et je continuai ma route à l'ombre des arbres qui bordaient le chemin.

A la barrière, la sentinelle répéta la même observation : — « Où celui-ci a-t-il laissé son ombre? » Des femmes, à quelques pas de là, s'écrièrent : — « Jésus Marie! le pauvre homme n'a point d'ombre. » Ces propos commen-

cèrent à me chagriner. J'évitai avec le plus
grand soin de marcher au soleil', mais il y avait
des carrefours où l'on ne pouvait faire autrement, comme, par exemple, au passage de la
grande rue, où, quand j'arrivai, pour mon
malheur, justement les polissons sortaient de
l'école. Un maudit petit bossu, je crois le voir
encore, remarqua d'abord ce qui me manquait,
et me dénonça par de grands cris à la bande
écolière du faubourg, qui commença sans fa-
çons à me harceler avec des pierres et de la
boue. — « La coutume des honnêtes gens,
criaient-ils, est de se faire suivre de leur ombre quand ils vont au soleil. » Je jetai de l'or à
pleines mains, pour me débarrasser d'eux, et
je sautai dans une voiture de place que de bonnes âmes me procurèrent.

Aussitôt que je me trouvai seul dans la maison roulante, je commençai à pleurer amère-
ment. Déjà je pressentais que, dans le monde,
l'ombre l'emporte autant sur l'or que l'or sur
le mérite et la vertu. J'avais jadis sacrifié la richesse à ma conscience; je venais de sacrifier
mon ombre à la richesse. — Que pouvais-je
faire désormais sur la terre?

Je n'étais pas encore revenu de mon trouble lorsque la voiture s'arrêta devant mon auberge; l'aspect de cette masure m'indigna;
j'aurais rougi de remettre le pied dans le misérable grenier où j'étais logé. J'en fis sur-le-
champ descendre ma valise, je la reçus avec
dédain, laissai tomber quelques pièces d'or, et
ordonnai de me conduire au plus brillant hôtel

de la ville. Cette maison était exposée au nord, et je n'avais rien à y craindre du soleil ; je donnai de l'or au cocher, je me fis ouvrir le plus bel appartement, et je m'y enfermai dès que j'y fus seul.

Et que penses-tu que je fisse alors? O mon cher Adelbert, en te l'avouant, la rougeur me couvre le visage. Je tirai la malheureuse bourse de mon sein, et, avec une sorte de fureur semblable au délire toujours croissant de ces fièvres ardentes qui s'alimentent par leur propre malignité, j'y puisai de l'or, encore de l'or, sans cesse de l'or. Je le répandais sur le plancher, je l'amoncelais autour de moi, je faisais sonner celui que je retirais sans interruption de la bourse, et ce maudit son, mon cœur s'en repaissait. J'entassai sans relâche le métal sur le métal, jusqu'à ce qu'enfin, accablé de fatigue, je me roulai sur ce trésor. Je nageais en quelque sorte dans cet océan de richesses. Ainsi se passa la journée ; la nuit me trouva gisant sur mon or, et le sommeil vint enfin m'y fermer les yeux.

Un songe me reporta près de toi ; je me trouvai derrière la porte vitrée de ta petite chambre. Tu étais assis à ton bureau, entre un squelette et un volume de ton herbier ; Haller, Humboldt et Linnée étaient ouverts devant toi, et sur ton canapé Homère et Shakspeare. Je te considérai long-temps, puis j'examinai tout ce qui était autour de toi, et mes yeux te contemplèrent de nouveau, mais tu étais sans mouvement, sans respiration, sans vie.

Je m'éveillai. Il paraissait être encore de fort bonne heure ; ma montre était arrêtée ; j'étais brisé, et de plus je mourais de besoin : je n'avais rien pris depuis la veille au matin. Je repoussai avec dépit loin de moi cet or dont peu auparavant j'avais follement enivré mon cœur. Maintenant, inquiet, triste et confus, je ne savais plus qu'en faire. Je ne pouvais le laisser ainsi sur le plancher. J'essayai si la bourse de laquelle il était sorti aurait la vertu de l'absorber ; mais non, il ne voulait pas y rentrer. Aucune de mes fenêtres ne donnait sur la mer ; il fallut donc prendre mon parti, et, à force de temps et de peines, à la sueur de mon front, le porter dans une grande armoire qui se trouvait dans un cabinet attenant à ma chambre à coucher, et l'y cacher jusqu'à nouvel ordre ; je n'en laissai que quelques poignées dans mon appartement. Lorsque ce travail fut achevé, je m'étendis, épuisé de fatigue, dans une bergère, et j'attendis que les gens de la maison commençassent à se faire entendre.

Je me fis apporter à manger, et je fis venir l'hôte, avec lequel je réglai l'ordonnance de ma maison. Il me recommanda, pour mon service personnel, un nommé Bendel, dont la physionomie ouverte et sage m'inspira d'abord la confiance. Pauvre Bendel!! c'est lui dont l'attachement a depuis adouci mon sort, et qui m'a aidé à supporter mes maux en les partageant. Je passai toute la journée chez moi avec des valets sans maîtres et des marchands. Je montai ma maison et ma suite conformément à ma fortune actuelle, et j'achetai surtout une quantité de choses inutiles, de bijoux et de pierreries, dans le seul but de me débarrasser d'une partie du monceau d'or qui me gênait; mais à peine si la diminution en était sensible.

Je flottais cependant, à l'égard de ce qui me manquait, dans une incertitude mortelle; je n'osais sortir de ma chambre, et je faisais allumer le soir quarante bougies dans mon salon, pour ne point rester dans les ténèbres. Je ne pensais qu'avec effroi à la rencontre des écoliers; cependant je voulais, autant que j'en aurais le courage, affronter encore une fois les regards du public, et donner à l'opinion l'occasion de se prononcer. La lune éclairait alors les nuits; je m'enveloppai d'un large manteau, je rabattis mon chapeau sur mes yeux, et me glissai, tremblant comme un malfaiteur, hors de l'hôtel. Je m'éloignai à l'ombre des maisons, et ayant gagné un quartier écarté, je m'exposai au rayon de la lune, résigné à apprendre mon sort de la bouche des passants.

Épargne-moi, mon ami, le douloureux récit de tout ce qu'il me fallut endurer. Quelques femmes manifestaient la compassion que je leur inspirais, et l'expression de ce sentiment ne me déchirait pas moins le cœur que les outrages de la jeunesse et l'orgueilleux mépris des hommes, de ceux-là surtout qui se complaisaient à l'aspect de l'ombre large et respectable dont leur haute stature était accompagnée. Une jeune personne d'une grande beauté, qui semblait suivre ses parents, tandis que ceux-ci re-

gardaient avec circonspection à leurs pieds,
porta par hasard ses regards sur moi ; je la vis
tressaillir lorsqu'elle remarqua la malheureuse
clarté qui m'environnait. L'effroi se peignit sur
son beau visage ; elle le couvrit de son voile,
baissa la tête, et poursuivit sa route sans ouvrir
la bouche. Des larmes amères s'échappèrent
alors de mes yeux, et, le cœur brisé, je me
replongeai dans l'ombre. J'eus besoin de m'ap-
puyer contre les murs pour soutenir ma démar-
che chancelante, et je regagnai lentement ma
maison, où je rentrai tard.

Le sommeil n'approcha point, cette nuit, de
ma paupière. Mon premier soin, dès que le jour
parut, fut de faire chercher l'homme en habit
gris. J'espérais, si je parvenais à le retrouver,
que peut-être notre étrange marché pourrait
lui sembler aussi onéreux qu'à moi-même ;
j'appelai Bendel. Il était actif et intelligent ; je
lui dépeignis exactement l'homme entre les
mains duquel était un trésor sans lequel la vie
ne pouvait plus être pour moi qu'un supplice.
Je l'instruisis du temps et du lieu où je l'avais
rencontré, et je lui dis encore que, pour des
renseignements plus particuliers, il eût à s'informer curieusement d'une lunette d'approche,
d'un riche tapis de Turquie, d'un pavillon magnifique, et enfin de trois superbes chevaux de
selle noirs, objets dont l'histoire, que je ne lui
racontai pas, se rattachait essentiellement à
celle de l'homme mystérieux que personne
n'avait semblé remarquer, et de qui l'apparition
avait détruit le repos et le bonheur de ma vie.

Tout en parlant, je lui donnai autant d'or que j'en avais pu porter ; j'y ajoutai des bijoux et des diamants d'une valeur encore plus grande, et je poursuivis : — « Voilà ce qui aplanit » bien des chemins, et rend aisées bien des » choses qui paraissent impossibles. Ne sois » pas plus économe de ces richesses que moi- » même. Va, Bendel, va, et ne songe qu'à » rapporter à ton maître des nouvelles sur les- » quelles il fonde son unique espérance. »

Il revint tard et triste. Il n'avait rien appris des gens de M. John, rien des personnes de sa société. Il avait parlé cependant à plusieurs, et aucune ne paraissait avoir le moindre souvenir de l'homme en habit gris. La lunette était encore entre les mains de M. John ; le pavillon, tendu sur la colline, couvrait encore le riche tapis de Turquie. Les valets vantaient l'opulence de leur maître, mais tous ignoraient également d'où lui venaient ces nouveaux objets de luxe. Lui-même y prenait plaisir, sans paraître se rappeler celui de qui il les tenait. Les jeunes gens qui avaient monté les chevaux noirs les avaient encore dans leurs écuries, et ils s'accordaient à célébrer la générosité de M. John, qui leur en avait fait présent.

Le récit long et circonstancié de Bendel m'éclairait peu ; cependant, quelque infructueuses qu'eussent été ses démarches, je ne pus refuser des louanges à son zèle, à son activité et à sa prudence mesurée. — Je lui fis signe, en soupirant, de me laisser seul.

— « J'ai, reprit-il, rendu compte à Mon-

» sieur de ce qu'il lui importait le plus de sa-
» voir ; il me reste à m'acquitter d'une com-
» mission dont m'a chargé pour lui quelqu'un
» que je viens de rencontrer devant la porte, en
» retournant d'une mission où j'ai si mal réussi.
» Voici quelles ont été ses propres paroles : —
» Dites à M. Pierre Schlémihl qu'il ne me re-
» verra plus ici , parce que je vais passer les
» mers, et que le vent qui vient de se lever ne
» m'accorde plus qu'un moment ; mais que d'au-
» jourd'hui dans un an j'aurai moi-même l'hon-
» neur de venir le trouver , et de lui proposer
» un nouveau marché qui pourra lui être alors
» agréable. Faites-lui mes très humbles com-
» pliments, et assurez-le de ma reconnaissance.
» — Je lui ai demandé son nom ; il m'a répon-
» du : — Rapportez seulement à votre maître
» ce que je viens de vous dire, et il me recon-
» naîtra. »

« Comment était-il fait ? » m'écriai-je avec
un sinistre pressentiment. Et Bendel me dé-
peignit, trait pour trait, l'homme en habit gris,
tel qu'il venait de le signaler lui-même dans son
récit. — « Malheureux ! m'écriai-je, c'était lui-
» même. » Et tout à coup, comme si un épais
bandeau fût tombé de ses yeux : — « Oui !
s'écria-t-il avec l'expression de l'effroi, oui,
c'était lui , c'était lui-même. Et moi , aveugle,
insensé que j'étais, je ne l'ai pas reconnu, malgré la peinture exacte que vous m'en aviez faite,
et j'ai trahi la confiance de mon maître ! »

Il éclata contre lui-même en reproches
amers, et le désespoir auquel je le voyais se li-

vrer excita ma compassion. Je cherchai à le
consoler; je l'assurai que je ne doutais nullement de sa fidélité ; mais je lui ordonnai de
courir aussitôt au port, et de suivre, s'il en
était encore temps, les traces de l'inconnu. Il y
vola, mais un grand nombre de vaisseaux, re-
tenus depuis longtemps par les vents contraires, venaient de mettre à la voile pour toutes
les contrées du monde, et l'homme en habit
gris avait disparu, hélas ! comme mon ombre
qu'il emportait, sans laisser de vestiges.

III

De quoi serviraient des ailes à qui gémirait dans les fers ? elles ne feraient qu'accroître son désespoir. J'étais, comme le dragon qui couve son trésor, dépourvu de toute consolation humaine, et misérable au sein de mes richesses ; je les maudissais comme une barrière qui me séparait du reste des mortels. Seul, renfermant au dedans de moi-même mon funeste secret, réduit à craindre le moindre de mes valets, et à envier son sort, car il pouvait se montrer au soleil et réfléchir devant lui son ombre, j'aigrissais ma douleur en y rêvant sans cesse. Je ne sortais ni jour ni nuit de mon appartement ; le désespoir peu à peu s'emparait de mon cœur, il le brisait, il allait l'anéantir.

J'avais un ami cependant, qui, sous mes yeux, se consumait aussi de chagrin : c'était mon fidèle Bendel, qui ne cessait de s'accuser d'avoir trompé ma confiance en ne reconnaissant pas l'homme dont je l'avais chargé de s'informer, et auquel il devait croire que se rattachaient toutes mes douleurs. Pour moi, je ne pouvais lui faire aucun reproche ; je ne sentais que trop dans tout ce qui s'était passé l'ascendant mystérieux de l'inconnu.

Un jour, pour tout essayer, j'envoyai Bendel avec une riche bague de diamants chez le peintre le plus renommé de la ville, en le faisant prier de passer chez moi. Il vint. J'éloignai tous mes gens ; je fermai soigneusement ma porte ; je fis asseoir l'artiste à mon côté, et après avoir loué ses talents, j'abordai la question, non sans un serrement de cœur inexprimable. J'avais cependant pris la précaution de lui faire promettre le plus religieux secret sur la proposition que j'allais lui faire.

— « Monsieur le professeur, lui dis-je, vous serait-il possible de peindre une ombre à un homme qui, par un enchaînement inouï de malheurs, aurait perdu la sienne ? — Vous parlez, Monsieur, de l'ombre portée ? » — « Oui, Monsieur, de l'ombre portée, de celle que l'on jette à ses pieds au soleil. » — « Mais, poursuivit-il, par quelle négligence, par quelle maladresse cet homme a-t-il donc pu perdre son ombre ? » — « Il importe peu, repartis-je, comment cela s'est fait ; cependant je vous dirai (et je sentis qu'il fallait mentir effrontément) que, voyageant l'hiver dernier en Russie, son ombre, par un froid extraordinaire, gela si fortement sur la terre, qu'il lui fut impossible de l'en arracher. Il fallut la laisser à la place où le malheur était arrivé. » — « L'ombre postiche que je pourrais lui peindre, répondit l'artiste, ne résisterait pas au plus léger mouvement ; il la perdrait

encore infailliblement, lui qui, à en croire
votre récit, tenait si faiblement à celle qu'il
avait reçue de la nature. Que celui qui ne porte
point d'ombre ne s'expose pas au soleil; c'est
le plus raisonnable et le plus sûr. » Il se leva à
ces mots, et s'éloigna, en me lançant un regard
pénétrant que je ne pus supporter. Je retombai
dans mon fauteuil, et je cachai mon visage dans
mes deux mains.

Bendel, en rentrant, me trouva dans cette
attitude, et, respectant la douleur de son maître,
il allait se retirer en silence. Je levai les yeux;
je succombais sous le fardeau de mes peines;
il les fallait alléger en les versant dans le sein
d'un ami. — « Bendel, lui criai-je, Bendel, toi
le seul témoin de ma douleur, qui la respectes,
et ne cherches point à en surprendre la cause,
qui sembles t'y montrer sensible et la partager
en secret, viens près de moi, Bendel, et sois
le confident, l'ami de mon cœur. Je ne t'ai
point caché l'immensité de mes richesses; je
ne veux plus te faire un mystère de mon désespoir. Bendel, ne m'abandonne pas. Tu me vois
riche, libéral, et tu penses que le monde devrait m'honorer et me rechercher. Cependant
tu me vois fuir le monde; tu me vois mettre entre lui et moi la barrière des portes et des ver-
rous. Bendel, c'est que le monde m'a condamné; il me repousse, me rejette; et peut-être
me fuiras-tu toi-même, lorsque tu sauras mon
effroyable secret. Bendel, je suis riche, géné-
reux, bon maître, bon ami, mais, hélas! je
n'ai plus.......... Comment achever, grand

Dieu!....... Je n'ai plus.... mon ombre. » —
« Plus d'ombre ! s'écria-t-il avec terreur, plus
d'ombre ! » Et ses yeux se remplirent de larmes. « Misérable que je suis, d'être condamné
à servir un maître qui n'a point d'ombre. » —
Il se tut, et mon visage retomba dans mes
deux mains, dont je le couvris de nouveau.

— « Bendel, repris-je en hésitant, après
un assez long silence, Bendel, maintenant tu
connais mon secret, et tu peux le trahir. Va,
dénonce-moi ; élève contre moi ton témoignage.
— Je m'aperçus qu'un violent combat se passait en lui. Enfin je le vis se précipiter à mes
pieds. Il saisit mes mains, les arrosa de ses
pleurs, et s'écria : — « Non, quoi qu'en pense
le monde, je ne puis ni ne veux abandonner mon
maître parce qu'il a perdu son ombre. Si je n'agis
pas selon la prudence, j'agirai du moins selon
la probité. Je demeurerai près de vous ; je vous
prêterai le secours de mon ombre ; je vous ren-
drai tous les services qui pourront dépendre de
moi ; je pleurerai du moins avec vous. » A ces
mots, je jetai mes bras autour de son cou, je le
serrai contre mon cœur, étonné d'un si admi-
rable dévoûment, car je voyais bien que ce
n'était point le vil appât de l'or qui le portait à
se sacrifier ainsi pour moi.

Depuis ce moment mon sort et ma manière
de vivre changèrent. On ne saurait croire avec
quel zèle, avec quelle adresse Bendel savait
remédier à ma déplorable infirmité. Toujours
et partout il était près de moi, devant moi,
prévoyant tout, prenant les plus ingénieuses

précautions, et si quelque péril venait à me menacer, plus prompt que l'éclair, il accourait et me couvrait de son ombre, car il était plus grand et plus puissant que moi. Alors je pus me hasarder de nouveau parmi les hommes, et reprendre un rôle dans la société. Ma situation me forçait, à la vérité, à affecter diverses bizarreries, mais elles siéent si bien aux riches! et tant que la vérité demeurait cachée, je jouissais doucement des honneurs et des respects que l'on doit à l'opulence. — J'attendais avec plus de tranquillité l'époque à laquelle le mystérieux inconnu m'avait annoncé sa visite.

Je sentais cependant très bien que j'aurais tort de m'arrêter long-temps dans un lieu où j'avais été vu sans mon ombre, et dans lequel je pouvais être reconnu d'un moment à l'autre. Je me rappelais aussi, et peut-être étais-je le seul à y songer, l'humble manière dont je m'étais présenté chez M. John, et ce souvenir m'était désagréable. Je ne voulais donc qu'apprendre et répéter ici mon rôle, afin de le jouer ailleurs avec plus d'assurance. Cependant, je fus arrêté quelque temps par ma vanité.

Fanny, la beauté du jour, celle même que j'avais vue briller chez M. John, et que je rencontrai ailleurs sans qu'elle se doutât de m'avoir jamais vu, Fanny, dis je, m'honora de quelque attention, car maintenant j'avais de l'esprit, de l'agrément, de la délicatesse ; on m'écoutait dès que j'ouvrais la bouche, et je ne savais pas moi-même comment j'avais pu apprendre si vite à manier la parole avec tant

d'art, à diriger la conversation avec tant de
supériorité. L'impression que je crus avoir
faite sur cette dame produisit en moi tout l'effet qu'elle désirait; elle me tourna la tête, et
dès lors je ne cessai de la suivre, non sans
peine ni sans danger, à la faveur de l'ombre et
du crépuscule. J'étais vain de la voir mettre
son orgueil à me retenir dans ses chaînes. Je
ne réussis pas cependant à faire passer jusque
dans mon cœur l'ivresse de ma vanité.

Mais à quoi bon, ami, te rapporter longue-
ment tous les détails d'une histoire aussi vul-
gaire. Toi-même souvent tu m'en as raconté
de semblables, dont tant d'honnêtes gens ont
été les héros! Cependant, la pièce usée, dans
laquelle je jouais un rôle rebattu, eut cette fois
un dénoûment nouveau et fort inattendu.

Un soir où, suivant ma coutume, j'avais
rassemblé dans un jardin magnifiquement illu-
miné une société nombreuse et choisie, je
m'enfonçai avec ma maîtresse dans un bosquet
écarté. Je lui donnais le bras; je lui disais des
douceurs; son regard était modestement bais-
sé, et sa main répondait légèrement à l'étreinte
de la mienne, lorsque inopinément la lune apparut derrière nous, sortant du sein d'un épais
nuage. Elle ne réfléchit que la seule ombre de
Fanny, qui, surprise, me regarda d'abord,
puis reporta ses yeux à terre, y cherchant,
avec inquiétude, l'image de celui qui était à
ses côtés. Ce qui se passait en elle se peignit
d'une manière si bizarre sur sa physionomie,
que je n'aurais pu m'empêcher d'en rire aux

éclats, si, au même moment, songeant à moi-
même, un frisson glacial ne m'eût saisi.

Cependant Fanny perdit l'usage de ses sens.
Je la laissai se dégager de mes bras, et perçant comme un trait la foule de mes hôtes, je
gagnai la porte, me jetai dans la première voiture qui se rencontra, et revins précipitamment
à la ville, où, pour mon malheur, j'avais laissé
cette fois le circonspect Bendel. Le désordre
qui se peignait dans tous mes traits l'effraya
d'abord ; un mot lui révéla tout. Des chevaux
de poste furent à l'instant commandés. Je ne
pris avec moi qu'un seul de mes gens, un certain Rascal. C'était un insigne vaurien, mais
adroit, expéditif, industrieux. Il avait su se
rendre nécessaire, et d'ailleurs il ne pouvait se
douter de ce qui venait d'arriver. Je laissai derrière moi, cette nuit-là même, plus de trente
lieues de pays. Bendel était resté pour congé-
dier mes gens, répandre de l'or, régler mes
affaires, et m'apporter tout ce dont on a besoin
en voyage. Quand, le jour suivant, il m'eut re-
joint, je me jetai dans ses bras et lui jurai,
sinon de ne plus faire de sottises, du moins
d'être plus circonspect à l'avenir. Nous pour-
suivîmes jour et nuit notre route, passâmes la
frontière, traversâmes les montagnes, et ce ne
fut qu'après avoir mis cette barrière entre le
théâtre de mes infortunes et moi, que je con-
sentis à m'arrêter pour respirer. Des bains que
l'on disait peu fréquentés se trouvaient dans le
voisinage. Ce fut là où je résolus de me rendre
pour me remettre de mes fatigues.

IV

Je serai forcé de glisser rapidement sur une époque de mon histoire où je trouverais tant de plaisir à m'arrêter, si ma mémoire pouvait suffire à retracer ce qui en faisait le charme. Mais les couleurs dont elle a brillé sont ternies pour moi, et ne sauraient plus revivre dans mon récit. Je chercherais en vain dans mon cœur ce trouble cruel et délicieux qui en précipitait les battements, ces peines bizarres, cette félicité, cette émotion religieuse et profonde. En vain je frappe le rocher, une eau vive ne peut plus en jaillir, le Dieu s'est retiré de moi.

Oh! de quel œil indifférent j'envisage aujourd'hui ce temps qui n'est plus! Je me disposais à jouer dans ce lieu un personnage important; mais, novice dans un rôle mal étudié, je me trouble et balbutie, ébloui par deux beaux yeux. Les parents, qu'abusent les apparences, s'empressent de conclure le mariage de leur fille, et une mystification est le dénoûment de cette scène commune. Tout cela me

2

semble aujourd'hui misérable et ridicule, et je m'effraie cependant de trouver ridicule et misérable ce qui alors, source d'émotions, gonflait ma poitrine et précipitait les mouvements de mon cœur. Je pleure, Mina, comme au jour où je te perdis. Je pleure d'avoir perdu mes douleurs et ton image. Suis-je donc devenu si vieux? O cruelle raison!... Seulement encore un battement de mon cœur! un instant de ce songe! un souvenir de mes illusions! Mais non, je vogue solitaire sur le cours décroissant du fleuve des âges, et la coupe enchantée est tarie.

Bendel avait pris les devants pour me procurer un logement convenable à ma situation. L'or qu'il sema à pleines mains et l'ambiguïté de ses expressions sur l'homme de distinction qu'il servait (car je n'avais pas voulu qu'il me nommât) inspirèrent au bon peuple de cette petite ville une singulière idée. Dès que ma maison fut prête à me recevoir, Bendel vint me retrouver, et je continuai avec lui mon voyage.

La foule nous barra le chemin environ à une lieue de la ville, dans un endroit découvert. La voiture s'arrêta; le son des cloches, le bruit du canon et celui d'une musique brillante et guerrière se firent entendre à la fois. Enfin, un *vivat* universel retentit dans les airs.

Alors une troupe de jeunes filles vêtues de blanc s'avança à la portière de la voiture ; la plupart étaient d'une grande beauté, mais l'une d'elles les éclipsait toutes, comme l'aurore fait

pâlir les étoiles de la nuit. Elle s'avança la
première en rougissant, et, fléchissant le ge-
nou, me présenta, sur un riche coussin, une
couronne de laurier, de roses et d'olivier. Je
ne compris pas le compliment qu'elle m'adressa en balbutiant ; je n'entendis que les mots
d'amour, de respect, de majesté ; mais le son
de sa voix fit tressaillir mon cœur. Je crus
retrouver, tracés dans ma mémoire, les traits
déjà connus de cette figure céleste. Cependant
le chœur des jeunes filles entonna les louanges
d'un bon roi, et chanta le bonheur de ses
peuples.

Remarque, cher ami, que cette rencontre
avait lieu en plein soleil, et moi, privé de mon
ombre, je ne pouvais me précipiter hors de
cette prison roulante où j'étais enfermé; je ne
pouvais tomber à mon tour aux genoux de
cette angélique créature ; oh! que n'aurais-je
point en cet instant donné pour avoir mon
ombre! Il me fallut cacher dans le fond de mon
carrosse ma honte et mon désespoir. Bendel
prit enfin le parti d'agir en mon nom; il des-
cendit, et, comme interprète de son maître, dé-
clara que je ne devais ni ne voulais accepter de
tels témoignages de respect, qui ne pouvaient
m'être adressés que par une méprise ; mais que
cependant je remerciais les habitants de la ville
de leur obligeant accueil. Je tirai de mon écrin,
qui était à ma portée, un riche diadème de diamants, destiné naguères à parer le front de la
belle Fanny, et le remis à mon orateur. Il prit
sur le coussin la couronne qui m'était présen-

tée, posa le diadème à la place, offrit la main
à la jeune personne, l'aida.à se relever, et la
reconduisit vers ses compagnes. Il congédia
d'un geste de protection le clergé, les magis-
trats et les députations des différents corps ; ordonna à la foule d'ouvrir le passage, et remonta
lestement dans la voiture, qui partit au grand
galop des chevaux. Nous entrâmes dans la ville
en passant sous un arc de triomphe qu'on avait
élevé à la hâte et décoré de fleurs et de bran-
ches de laurier. Cependant le canon ne cessait
de tonner. La voiture s'arrêta devant mon hôtel. J'y entrai avec précipitation, obligé, pour
gagner ma porte, de fendre les flots de la foule,
que la curiosité et le désir de voir ma personne
avaient rassemblée à l'entour. Le peuple criait
vivat sous mes fenêtres, et j'en fis pleuvoir des
ducats. Enfin, le soir, la ville fut spontané-
ment illuminée.

Je ne savais encore ce que tout cela signi-
fiait, ni pour qui on me prenait ; j'envoyai Rascal aux informations. On lui raconta comment
on avait eu la nouvelle certaine que le roi de
Prusse voyageait dans le pays sous le simple
titre de comte ; comment mon chambellan s'é-
tait trahi et m'avait fait découvrir ; et, enfin,
quelle avait été la joie publique à la certitude
de me posséder dans ces murs.

Maintenant que l'on voyait quel strict inco-
gnito je voulais garder, on se désolait d'avoir
si indiscrètement soulevé le voile dont je m'en-
veloppais. Cependant, ma colère avait été mê-
lée de tant de marques de clémence et de grâce,

que l'on espérait que je voudrais bien pardonner aux habitants en faveur de leur bonne intention.

La chose parut si plaisante à mon coquin, que, par ses discours insidieux et ses graves remontrances, il fit tout ce qui dépendait de lui pour affermir ces bonnes gens dans leur opinion. Il me rapporta ces nouvelles avec beaucoup de gaîté, et voyant qu'il me divertissait, il alla jusqu'à se vanter de son espièglerie. Faut-il l'avouer? j'étais en secret flatté des honneurs que je recevais, bien que je susse qu'ils s'adressaient à un autre.

J'ordonnai de préparer pour le lendemain au soir, sous les arbres qui ornaient la place où donnaient mes fenêtres, une fête, à laquelle je fis inviter toute la ville. La vertu secrète de ma bourse, l'activité de Bendel, l'adresse inventive de l'ingénieux Rascal, levèrent tous les obstacles, et triomphèrent de la brièveté du temps. Tout s'arrangea avec un ordre et une précision admirables. Magnificence, délicatesse, profusion, rien ne manqua. L'illumination brillante était disposée avec tant d'art, que je n'avais rien à craindre; je n'eus, en un mot, que des louanges à donner à mes serviteurs.

A l'heure indiquée, tout le monde arriva, et chaque personne me fut présentée. Le mot de Majesté ne fut plus prononcé, mais chacun me salua avec le plus profond respect sous le nom de comte. Que pouvais-je faire? J'acceptai le titre, et me laissai nommer le comte Pierre. Cependant, au milieu de cette foule empressée et joyeuse, mon âme ne soupirait qu'après un seul objet. Elle parut enfin, bien tard au gré de mon impatience, celle qui, digne de la couronne, en portait sur son front le simulacre — le diadème que Bendel avait échangé contre l'offrande de cette bonne ville. Elle suivait modestement ses parents, et semblait seule ignorer qu'elle était la plus belle. On me nomma M. l'inspecteur des forêts, Madame son épouse et Mademoiselle sa fille. Je réussis à dire mille choses agréables et obligeantes aux parents, mais je restai devant leur fille muet et déconcerté, comme l'enfant qui vient d'être pris en faute ; enfin je la suppliai, en balbutiant, d'honorer cette fête en y acceptant le rang dû à ses grâces et à sa beauté. Elle sembla, d'un coup d'œil expressif et touchant, réclamer mon indulgence ; mais aussi timide qu'elle-même, je ne pus que lui offrir en hésitant mes hommages comme à la reine de la fête. La beauté de mon choix réunit facilement tous les suffrages ; on adora en elle la faveur et l'innocence, qui a bien aussi sa majesté. Les heureux parents de Mina s'attribuaient les respects que l'on rendait à leur fille. Quant à moi, j'étais dans une ivresse difficile à décrire. Sur la fin du repas, je fis apporter dans deux bassins couverts toutes les perles, tous les bijoux, tous les diamants dont j'avais autrefois fait emplète pour me débarrasser d'une partie de mon or, et je les fis distribuer, au nom de la reine, à toutes ses compagnes et à toutes les dames. Cependant, du haut des différents buffets élevés derrière les tables, on jetait sans interruption des pièces d'or au peuple rassemblé sur la place.

Bendel, le lendemain matin, me prévint en confidence que les soupçons qu'il avait conçus depuis long-temps sur la fidélité de Rascal s'étaient enfin changés en certitude. — « Hier, pendant la fête, me dit-il, je l'ai vu détourner et s'approprier plusieurs sacs pleins d'or. » — « N'envions point, lui répondis-je, à ce pauvre diable, le chétif butin qu'il a pu faire. J'en enrichis bien d'autres, pourquoi celui-là ne tirerait-il pas parti de la circonstance ? Il m'a bien servi hier, ainsi que les gens que tu as nouvellement attachés à mon service ; ils ont tous contribué à ma joie, il est juste qu'ils y trouvent leur profit. »

Il n'en fut plus question. Rascal resta le premier de mes domestiques, car Bendel était mon confident et mon ami. Celui-ci s'était accoutumé à regarder mes richesses comme inépuisables, sans jamais s'enquérir quelle en pouvait être la source. Se conformant à mes caprices, il m'aidait à inventer des occasions de faire parade de mes trésors et de les prodiguer. Quant à l'inconnu, il savait seulement que je croyais ne pouvoir attendre que de lui la fin de mon opprobre. Il me voyait en même temps redouter cet être énigmatique en qui je mettais ma dernière espérance, et persuadé de l'inutilité de toute perquisition, me résigner à attendre le jour que lui-même m'avait fixé pour une entrevue.

La magnificence de ma fête et la manière

dont j'avais représenté confirmèrent d'abord
les habitants de la ville dans leur prévention.
Cependant, les gazettes ayant démenti le bruit
du prétendu voyage de S. M. Prussienne, les
conjectures se tournèrent d'un autre côté. Il
fallait absolument que je fusse roi, et l'une des
plus riches et des plus royales majestés qui
eussent jamais existé. Seulement on se demandait quel pouvait être mon empire. Le monde
n'a jamais eu, que je sache, à se plaindre de la
disette de monarques, et moins de nos jours
que jamais. Ces bonnes gens, qui cependant
n'en avaient encore vu aucun de leurs yeux,
devinaient l'énigme avec autant de bonheur les
uns que les autres. J'étais tantôt un souverain
du Nord; tantôt un potentat du Midi. Et, en
attendant, le comte Pierre restait toujours le
comte Pierre.

Un jour il arriva aux bains un négociant qui
avait fait banqueroute pour s'enrichir; il jouis-
sait de la considération générale, et réfléchis-
sait devant lui une ombre passablement large,
quoique un peu pâle. Il venait dans ce lieu pour
dépenser avec honneur les biens qu'il avait
amassés. Il lui prit envie de rivaliser avec moi
et de chercher à m'éclipser; mais, grâce à ma
bourse, je menai d'une telle façon le pauvre
diable, que, pour sauver son crédit et sa répu-
tation, il lui fallut manquer derechef, et repasser les montagnes; ainsi j'en fus débarrassé.

—Oh! que de vauriens et de fainéants j'ai faits
dans ce pays!

Au milieu du faste vraiment royal qui m'en-

vironnait, et des profusions immenses de tous
genres par lesquelles je me soumettais tout, je
vivais dans l'intérieur de ma maison très solitaire et très retiré; je m'étais fait une règle de
la plus exacte circonspection : personne, ex-
cepté Bendel, n'entrait sous aucun prétexte
que ce fût dans la chambre que j'habitais. Je
m'y tenais, tant que le soleil éclairait l'horizon,
exactement renfermé avec mon confident, et
l'on disait que le comte travaillait dans son
cabinet : on supposait que les nombreux cour-
riers que j'expédiais pour les moindres futilités
étaient porteurs des résultats de ce travail. Je
ne recevais que le soir, dans mes salons ou dans
mes jardins illuminés avec éclat, mais toujours
avec prudence, par les soins de Bendel, et
toujours surveillé par ses yeux d'Argus; je ne
sortais que pour suivre la jolie Mina au jardin
de l'inspecteur des forêts, car mon amour faisait le seul charme de ma vie.

Oh! mon cher Adelbert! j'espère que tu n'as
pas encore oublié ce que c'est que l'amour! Je
te laisserai ici une grande lacune à remplir.
Mina était en effet une bonne, une aimable enfant; j'avais enchaîné toutes les puissances de
son être. Elle se demandait, dans son humilité, comment elle avait pu mériter que je je-
tasse les yeux sur elle. Elle me rendait amour
pour amour; elle m'aimait avec toute l'énergie
d'un cœur innocent et neuf. Elle m'aimait,
comme les femmes savent aimer : s'ignorant,
se sacrifiant elle-même, sans savoir ce que
c'est qu'un sacrifice, ne songeant qu'à l'objet

aimé, ne vivant qu'en lui, que pour lui : oui, j'étais aimé !

Et moi cependant, oh! quelles heures terribles, heures pourtant que rappellent mes regrets, j'ai passées dans les larmes, entre les bras de Bendel, depuis que, revenu d'une première ivresse, je fus rentré dans moi-même! Moi, dont le barbare égoïsme, du sein de mon ignominie, abusait, trahissait, entraînait après moi dans le précipice cette âme pure et angélique. Alors je prenais la résolution de m'accuser moi-même devant elle; ou soudain je faisais le serment de m'arracher de ces lieux, de fuir pour jamais sa présence; puis, je répandais de nouveaux torrens de larmes, et je finissais par concerter avec Bendel les moyens de la revoir le soir même dans le jardin de son père.

D'autres fois je cherchais à me flatter de l'espérance de la visite prochaine de l'homme en habit gris; mais mes larmes coulaient de nouveau, lorsque en vain j'avais essayé de me repaître de chimères. J'avais sans cesse devant les yeux le jour qu'il avait fixé pour me revoir, jour aussi redouté qu'impatiemment attendu. Il avait dit : d'aujourd'hui en un an, et j'ajoutais foi à sa parole.

Les parens de Mina étaient de bonnes gens, qui, sur le retour de l'âge, n'avaient d'autre affection que le tendre amour qu'ils portaient à leur fille unique. Notre amour les surprit avant qu'ils s'en fussent avisés, et, dominés par les événements, ils ne savaient à quoi se résoudre. Il ne leur était pas d'abord venu dans l'esprit que le comte Pierre pût jeter les yeux sur leur enfant ; et voilà qu'il l'aimait et qu'il en était aimé. La vanité de la mère allait jusqu'à se bercer de la possibilité d'une alliance, dont elle cherchait même à aplanir les voies ; mais le bon sens du père se refusait à une aussi folle ambition. Tous deux cependant étaient également convaincus de la pureté de mes sentimens ; ils ne pouvaient que prier Dieu pour le bonheur de leur fille.

Une lettre de Mina, écrite dans ce temps, me tombe en ce moment sous la main. Oui, c'est son écriture ! je vais te la transcrire.

« J'ai de bien folles pensées. Je m'imagine que mon ami, parce que j'ai pour lui beaucoup d'amour, pourrait craindre de m'affliger. Tu es si bon, si incomparablement bon ! Entends-moi bien : il ne faut pas que tu me fasses aucun sacrifice ; il ne faut pas que tu veuilles m'en faire aucun. Mon Dieu, si je le croyais, je pourrais me haïr. Non, tu m'as rendue infiniment heureuse, tu t'es fait aimer. Pars. Je n'ignore pas mon destin. Le comte Pierre ne saurait m'appartenir ! il appartient au monde entier. Avec quel orgueil j'entendrai dire : Voilà où il a passé ; voilà ce qu'il a fait ; voilà ce qu'on lui doit ; là, on a béni son nom, et là on l'a adoré. Quand j'y songe, je pourrais t'en vouloir d'oublier tes grandes destinées auprès d'une pauvre enfant. Pars, mon ami, ou cette pensée détruira mon bonheur, moi qui suis par toi si heureuse. N'ai-je pas orné ta vie d'un bouton de rose comme j'en avait mêlé dans la couronne

que je t'offris. Ne crains pas de me quitter,
ô mon ami, je te possède tout entier dans mon
cœur. Je mourrai, je mourrai heureuse, oui,
au comble du bonheur, par toi, pour toi. »

Je te laisse à penser combien ces lignes me
déchirèrent le cœur. Je lui déclarai un jour que
je n'étais nullement ce que l'on semblait me
croire ; que je n'étais qu'un particulier riche,
mais infiniment misérable ; que je lui faisais un
mystère de la malédiction qui pesait sur ma
tête, parce que je n'étais pas encore sans espérance de la voir finir ; mais que ce qui em-
poisonnait la félicité de mes jours, c'était l'ap-
préhension d'entraîner après moi dans l'abîme
celle qui était, à mes yeux, l'ange consolateur
de ma destinée. Elle pleurait de me voir malheureux. Loin de reculer devant les sacrifices
de l'amour, elle eût volontiers donné toute
son existence pour racheter une seule de mes
larmes.

Mina interpréta autrement ces paroles ; elle
me supposa quelque illustre proscrit dont la fureur des partis poursuivait la tête, et son imagination ne cessait d'entourer son ami d'images
héroïques.

Un jour, je lui dis : « Mina, le dernier jour
du mois prochain décidera de mon sort ; mais
si l'espérance m'abuse, je ne veux point ton malheur ; il ne me restera qu'à mourir. » A ces
mots, elle cacha son visage dans mon sein. —
« Si ton sort change, me dit-elle, laisse-moi
seulement te savoir heureux. Je ne prétends
point à toi ; mais si le malheur s'appesantit sur

ta tête, attache-moi à ton destin, et laisse-moi
t'aider à le supporter. »

— « O mon amie, quelles indiscrètes paroles se sont échappées de tes lèvres! Rétracte!
rétracte ce vœu téméraire! Connais-tu le destin que tu t'offres à partager, et l'anathème qui
me flétrit? Me connais-tu bien? Sais-tu...? Ne
me vois-tu pas frémir et hésiter? Ne me vois-
tu pas, dans mon désespoir, entretenir un fatal secret entre toi et moi. » Elle tomba à mes
pieds en sanglotant, et me répéta avec serment
la même prière.

L'inspecteur entra, et je lui déclarai que mon
intention était de faire la demande solennelle
de la main de sa fille le premier jour du mois
suivant. Je ne lui précisais ce temps, ajoutai-
je, que parce que d'ici là certains événements
pourraient beaucoup influer sur ma position,
mais que mes sentiments pour sa fille étaient
inaltérables.

Le bon homme parut confondu d'une telle
proposition de la part du comte Pierre. L'a-
mour paternel a aussi son orgueil. Ravi de la
brillante destinée offerte à sa fille, il me sauta
cordialement au cou; puis, revenant de son émotion, il sembla confus de s'être un instant oublié. Cependant, au milieu de sa joie, il lui
vint quelque scrupule. Il parla de sûretés pour
l'avenir; du sort qu'il devait chercher à régler
en faveur de son enfant : le mot de dot enfin
lui échappa. Je le remerciai de m'y avoir fait
songer, et j'ajoutai que : désirant me fixer dans
un pays où je paraissais aimé, pour y mener

une vie retirée et libre, je le priais d'acheter, sous le nom de sa fille, les plus belles terres qui se trouveraient en vente dans les environs, et d'en assigner le paiement sur ma cassette. Je le laissais, lui dis-je, maître de tout, parce que dans cette occasion c'était à un père à servir un amant. Cette commission, dont il se chargea avec joie, ne fut pas pour lui sans peines, car un inconnu mettait partout l'enchère sur les biens sur lesquels il jetait les yeux ; aussi ne put-il en acquérir que pour environ la somme d'un million.

J'avoue que je n'étais pas fâché de lui procurer quelque occupation qui l'éloignât de nous. C'était une ruse que j'avais déjà employée plusieurs fois, car le bonhomme ne laissait pas que d'être un peu fatigant. Pour la mère, elle avait l'ouïe dure, et n'était pas, comme son mari, jalouse de l'honneur d'entretenir M. le comte. Ces heureux parents me pressèrent de prolonger avec eux la soirée. Il fallut me refuser à leurs instances. Nous étions au milieu du jardin, et déjà je voyais la clarté de la lune s'élever à l'horizon ; je n'avais pas une minute à perdre, mon temps était accompli.

Le lendemain je revins au même lieu. J'avais jeté mon manteau sur mes épaules et rabattu mon chapeau sur mes yeux ; je m'avançai vers Mina ; elle leva les yeux sur moi et tressaillit. A ce mouvement, je me rappelai cette nuit lugubre où, jadis, je m'étais exposé sans ombre aux rayons de la lune. En effet, c'était elle-même que j'avais vue cette nuit-là ; m'avait-

elle aussi reconnu? Elle était silencieuse et
abattue ; ma poitrine était oppressée. Je me levai de mon siége ; elle se jeta sans rien dire
dans mon sein et l'inonda de ses pleurs. Je
m'éloignai.

Souvent, depuis lors, je la trouvai dans les
larmes, et l'avenir s'obscurcit de plus en plus
pour moi. Ses parents, cependant, étaient au
comble du bonheur.

La veille du jour fatal arriva. A peine pouvais-je respirer. J'avais, par précaution, rem-
pli d'or un assez grand nombre de caisses.
J'attendais avec impatience la douzième heure.
Elle sonna. Assis vis-à-vis de la pendule, l'œil
fixé sur les aiguilles, chaque minute, chaque seconde que je comptais, était un coup de poi-
gnard. Je tressaillais au moindre bruit qui se faisait entendre. Le jour se leva, les heures se suc-
cédèrent lentement, comme si elles avaient eu
des ailes de plomb ; la nuit survint. Onze heures
sonnèrent. Les dernières minutes, les dernières secondes de la dernière heure s'écoulèrent;
personne ne parut. Voilà minuit!... Je compte,
les uns après les autres, les douze coups de la
cloche ; au dernier, mes larmes s'échappèrent
comme un torrent, et je tombai à la renverse
sur mon lit de douleurs. Je n'avais plus d'espérance, et je devais, à jamais sans ombre ,de-
mander le lendemain la main de ma maîtresse.
Un sommeil plein d'angoisse me ferma les yeux
vers le matin.

V

Il était encore de bonne heure lorsque je fus réveillé par des voix qui s'élevaient avec véhémence dans mon antichambre. Je prêtai l'oreille : Bendel défendait ma porte ; Rascal jurait qu'il ne recevrait point d'ordre de son égal, et prétendait entrer malgré lui dans mon appartement. Bendel lui représentait avec douceur que ces propos, s'ils parvenaient à mon oreille, le feraient renvoyer d'un service auquel le devait attacher son propre intérêt. Rascal le menaçait de porter la main sur lui s'il s'obstinait plus long-temps à lui barrer le passage.

Je m'étais habillé à demi ; j'ouvris ma porte avec colère, et m'avançai sur Rascal en l'apostrophant : « Que prétends-tu, misérable ?... » Il recula d'un pas et me répondit, avec le plus grand sang-froid : « Vous supplier humblement, Monsieur le comte, de me faire voir enfin votre ombre ; tenez, le plus beau soleil luit maintenant dans votre cour. » Je demeurai immobile, et comme frappé de la foudre. Il se passa long-temps avant que je retrouvasse l'usage de la pa-

rôle. « Comment un valet peut-il, vis-à-vis de
son maître?... » Il m'interrompit : « Un valet
peut être fort honnête homme, et ne pas vouloir servir un maître qui n'a pas d'ombre. Don-
nez-moi mon congé. » Il fallait changer de ton :
« Mais, Rascal, mon cher Rascal, qui t'a pu
donner cette malheureuse idée ? Comment
peux-tu croire ?...» Il continua comme il avait
commencé : « Il y a des gens qui prétendent
que vous n'avez point d'ombre, et, en un mot,
vous me montrerez votre ombre, ou vous me
donnerez mon congé. »

Bendel, pâle et tremblant, mais avec une
présence d'esprit que je n'avais plus, me fit un
signe, et j'eus recours à la puissance de mon
or : il avait perdu sa vertu. Rascal jeta à mes
pieds celui que je lui offris : Je n'accepte rien
d'un homme sans ombre. » Il me tourna le dos,
enfonça son chapeau sur sa tête, et sortit lentement, en sifflant son air favori. Bendel et moi
nous restâmes pétrifiés, et le regardâmes sortir, stupéfaits et immobiles.

Enfin, la mort dans le cœur, je me préparai
à dégager ma parole et à paraître, dans le jardin de l'inspecteur, comme un criminel devant
ses juges. Je descendis sous l'épais berceau de
verdure, auquel on avait donné mon nom, et où
l'on devait m'attendre. Ce jour-là, la mère vint à
moi, le front serein et le cœur plein d'espérance.
Mina était assise, belle et pâle comme la neige
légère qui vient quelquefois, en automne, surprendre les dernières fleurs. L'inspecteur, une
feuille de papier écrite à la main, se promenait à

grands pas ; il semblait se contraindre avec ef-
fort ; la rougeur et la pâleur se succédaient sur
son visage, et sa physionomie, d'ailleurs peu
mobile, trahissait l'agitation de son âme. Il
vint à moi, et s'interrompant à diverses reprises, me témoigna le désir de m'entretenir en
particulier. L'allée dans laquelle il m'invitait à
le suivre conduisait à une plate-forme ouverte
et éclairée par le soleil. Je me laissai tomber,
sans lui répondre, sur un siége qui se trouvait
là, et il se fit un long silence.

L'inspecteur, cependant, continuait à parcourir le bosquet à pas inégaux et précipités.
S'arrêtant enfin devant moi, il regarda encore
le papier qu'il tenait à la main ; puis, me fixant
d'un regard perçant, il m'adressa cette question : « Serait-il vrai, Monsieur le comte,
qu'un certain Pierre Schlémihl ne vous fût pas
inconnu ? » Je gardai le silence, et il continua :
« Un homme d'un caractère distingué, de ver-
tus singulières ?... » Il attendait une réponse.
« Eh bien ! lui dis-je, si c'était moi ? — Un
homme ! s'écria-t-il, qui a perdu son ombre ! »

« O mes funestes pressentiments ! s'écria
Mina ; oui ! je le sais depuis long-temps, il
n'a point d'ombre. » A ces mots elle se jeta
dans les bras de sa mère, qui, pleine d'effroi,
la serra contre son sein, lui reprochant d'avoir
pu taire cet horrible mystère. Elle était, comme
Aréthuse, changée en une fontaine de larmes,
qui redoublaient au son de ma voix, accompa-
gnées de sanglots convulsifs.

« Et vous avez eu l'impudence, reprit le fo-

restier furieux, de tromper, ainsi que moi,
celle que vous prétendiez aimer, celle que vous
avez perdue! Voyez-la, contemplez votre ou-
vrage, malheureux que vous êtes! »

J'étais tellement troublé, que mes premiè-
res paroles ressemblèrent à celles d'un homme
en délire. Je balbutiai qu'une ombre n'était à la
fin qu'une ombre; qu'on pouvait s'en passer,
et que ce n'était pas la peine de faire tant de
bruit pour si peu de chose; mais je sentais parfaitement moi-même le peu de fondement et le
ridicule de ce que je disais, et je cessai de
parler sans qu'il eût daigné m'interrompre.
« Oui, j'ai perdu mon ombre, ajoutai-je alors,
mais je puis la retrouver. »

Il m'interpella d'un ton menaçant : « Dites-
le-moi, Monsieur, comment avez-vous perdu
votre ombre? » Il me fallut de nouveau mentir. « Un jour, lui dis-je, un malotru marcha
dessus si lourdement, qu'il y fit un grand trou ;
je l'ai donnée à raccommoder, car que ne fait-
on pas pour de l'argent! on devait me la rapporter hier.

— « Fort bien, Monsieur, reprit l'inspecteur
des forêts, vous recherchez la main de ma fille,
d'autres y aspirent comme vous ; c'est à moi,
en qualité de père, à décider de son sort. Je
vous donne trois jours pour chercher une ombre;
si d'ici à trois jours vous vous présentez devant
moi avec une ombre qui vous aille bien, vous
serez le bien-venu; mais, je vous le déclare,
le quatrième ma fille sera l'épouse d'un autre. »

Je voulus essayer d'adresser encore quel-

ques paroles à Mina, mais elle se cacha en
sanglotant dans le sein de sa mère, et celle-ci,
me repoussant du geste, me commanda de m'é-
loigner. Je sortis en chancelant du jardin, et
il me sembla que le paradis se fermait derrière
moi, et que j'étais poursuivi par l'épée flam-
boyante de l'ange des vengeances.

Echappé à la vigilance de Bendel, je me
jetai dans la campagne, et parcourus au hasard
les bruyères et les bois. Une sueur froide dé-
coulait de mon front ; de sourds gémissements
sortaient du fond de ma poitrine ; un affreux
délire m'agitait. J'ignore combien de temps pouvait s'être écoulé, lorsque, sur la pente d'une
colline, éclairée des rayons du soleil, je me
sentis arrêter par la basque de mon habit. Je
me retournai, c'était l'homme en habit gris, qui
paraissait m'avoir poursuivi à perte d'haleine.
Il prit sur le champ la parole. « Je vous avais
annoncé mon retour pour aujourd'hui ; mais vous
n'avez pas eu la patience de m'attendre ; c'est
égal, rien n'est encore perdu. Vous suivrez
mon conseil, vous rachèterez votre ombre que
je vous rapporte, et retournerez sur-le-champ
sur vos pas ; vous serez le bien-venu dans le
jardin de l'inspecteur, et tout ce qui s'est passé
n'aura été qu'une espièglerie. Quant à Rascal,
qui vous a trahi et qui vous supplante auprès
de votre maîtresse, j'en fais mon affaire : le
scélérat est mûr. »

Je crus rêver : « annoncé son retour pour
aujourd'hui. » J'y réfléchis de nouveau. Il avait
raison : je m'étais constamment trompé d'un

jour dans mon calcul. Ma main cherchait la bourse dans mon sein. L'homme en habit gris devina
ma pensée, et reculant de deux pas : « Non,
Monsieur le comte, me dit-il, elle est en de
trop bonnes mains ; conservez-la. » Je l'interro-
geais d'un regard fixe et étonné ; il poursuivit :
« Je ne demande qu'une légère marque de votre souvenir ; vous voudrez bien me signer ce
billet. » Le parchemin contenait ces mots :

*Je soussigné lègue au porteur du présent
mon âme après sa séparation naturelle de
mon corps.*

Muet d'étonnement, je considérais tour-à-
tour et le billet et l'inconnu. Il avait cependant
recueilli sur ma main, avec le bec d'une plume nouvellement taillée, une goutte de sang
qui coulait des blessures que les épines m'avaient
faites, et il me la présentait.

« Qui donc êtes-vous ? » lui dis-je à la fin. —
« Que vous importe ? me répondit-il, et d'ailleurs ne le voyez-vous pas ? Je suis un pauvre
diable, une espèce de savant, de physicien, qui,
pour prix de tout le mal qu'il se donne à servir ses amis, n'est payé par eux que d'ingratitu-
de, et n'a d'autre amusement dans ce monde
que celui qu'il prend à ses expériences. Mais,
signez donc ! là, au bas de l'écriture, *Pierre
Schlémihl.* »

Je secouai la tête, et lui dis : « Pardonnez-
moi, Monsieur, je ne signerai pas. — Vous ne
signerez pas ! reprit-il avec l'expression de la
surprise. Et pourquoi pas ? » — « Mais, lui
dis-je, il me semble que c'est une chose qui mé-

rite au moins réflexion : racheter mon ombre au
prix de mon âme ! — « Ah ! ah ! reprit-il, en
partant d'un grand éclat de rire , une chose
qui mérite réflexion ! Mais , oserai-je vous de‹
mander, Monsieur, ce que c'est que votre âme‡
l'avez-vous jamais vue ? et que comptez-vous
en faire quand vous serez mort? Estimez-vous
heureux de trouver un amateur qui , de votre
vivant, mette au legs de cet X algébrique, de
cette force galvanique ou de polarisation, de
cette *entelechie,* de cette sotte chose, quelle
qu'elle soit , un prix très réel , le prix de votre
ombre, auquel sont attachés la possession de vo‑
tre maîtresse et l'accomplissement de tous vos
vœux ; ou voulez-vous plutôt la livrer vous-mê‑
me, la pauvre Mina, aux griffes de cet infâme
Rascal? Venez , je veux vous le faire voir de
vos propres yeux ; je vous prêterai ce bonnet de
nuage (il tirait quelque chose de sa poche), et
nous irons , sans qu'on nous voie , faire un tour
au jardin de l'inspecteur. »

Je l'avouerai, j'étais humilié d'entendre cet
homme rire à mes dépens ; il m'était odieux, je
le haïssais de tout mon cœur, et je crois que cette
antipathie naturelle contribua plus que mes
principes ou mes préjugés à me faire refuser la
signature qu'il me demandait pour prix de mon
ombre, quelque nécessaire qu'elle me fût en ce
moment. Rien au monde n'aurait pu m'enga‑
ger à faire dans sa compagnie le pélerinage
qu'il me proposait ; voir entre moi et mon amie,
entre nos cœurs déchirés, ce hideux rieur aux
écoutes , et endurer ses moqueries ; cette idée

me révoltait, elle bouleversait tous mes sens ; je considérai les événements passés comme une destinée irrévocable, et ma misère comme consommée. Je repris la parole et lui dis :

« Monsieur, je vous ai vendu mon ombre pour cette bourse merveilleuse, et je m'en suis assez repenti ; voulez-vous revenir sur le marché, au nom de Dieu ! » Il secoua la tête, et une hideuse grimace donna à ses traits l'expression la plus sinistre. Je poursuivis : « Eh bien, je ne vous vendrai plus rien qui m'appartienne, même au prix de mon ombre, et je ne signerai pas. Vous concevrez donc, Monsieur, que le déguisement auquel vous m'invitez serait beaucoup plus divertissant pour vous que pour moi. Vous recevrez mes excuses, et les choses en étant là, séparons-nous.

— « Je suis vraiment fâché, Monsieur Schlémihl, que vous vous entêtiez sottement à refuser un marché que je vous proposais en ami ; mais je serai peut-être plus heureux une autre fois ; au revoir. — A propos, il faut que je vous montre encore que je ne laisse pas dépérir les choses que j'achète, mais que j'en prends soin, que je m'en fais honneur, et qu'elles ne sauraient être mieux qu'entre mes mains. »

A ces mots il tira mon ombre de sa poche, et la jetant à ses pieds du côté du soleil, en la déroulant avec dextérité, il se trouva avoir deux ombres à sa suite, car la mienne obéissait, comme la sienne, à tous ses mouvements.

Quand après un temps si long je revis enfin ma malheureuse ombre, et la retrouvai dans cet odieux servage, alors que son absence venait de me jeter dans une telle détresse, je sentis mon cœur se briser, et des torrents de larmes amères s'échappèrent de mes yeux. Cependant, l'odieux homme gris, souriant avec orgueil à sa conquête, et la promenant devant mes yeux, osa me renouveler impudemment sa proposition :

« Il tient encore à vous, allons, un trait de plume, Monsieur, et vous sauverez cette pauvre Mina d'entre les griffes d'un vil scélérat, pour la presser avec amour sur votre sein. Allons, comte, un trait de plume ! » A ces mots mes larmes redoublèrent, mais je détournai mon visage, et lui fis signe de s'éloigner.

Bendel cependant, qui, plein d'inquiétude, avait suivi jusqu'ici mes traces, arriva en cet instant. Cet excellent serviteur, me trouvant en larmes, et voyant mon ombre, qu'il lui était impossible de méconnaître, au pouvoir de cet étrange individu, résolut sur-le-champ de me faire rendre mon bien, dût-il avoir recours à la violence. Il s'adressa d'abord au possesseur, et lui ordonna, sans plus de discours, de me restituer ce qui m'appartenait. Celui-ci, sans daigner lui répondre, tourna le dos et s'éloigna. Mais Bendel, le suivant de près, et levant sur lui le gourdin d'épine qu'il portait, lui réitéra l'ordre de remetre mon ombre en liberté, et, comme il n'en tenait compte, il finit par lui faire sentir la vigueur de son bras. L'homme en habit gris, comme s'il eût été accoutumé à un tel traitement, baissa la tête, courba le dos, et, sans mot dire, continua paisiblement son chemin sur le penchant de la colline, m'enlevant à la fois et mon ombre et mon ami. J'entendis encore long-temps un bruit sourd résonner dans le lointain. Je restai, comme auparavant, seul avec ma douleur.

VI

Je donnai un libre cours à mes larmes. Elles soulagèrent enfin mon cœur du poids insupportable qui l'oppressait. Cependant je ne voyais aucun terme à ma misère, et je me nourrissais, avec une sorte de fureur, du nouveau poison que l'inconnu venait de verser dans mes blessures. Mon âme appelait à grands cris l'image de Mina, cette image douce et chérie. Elle m'apparaissait pâle, éplorée, telle que je l'avais vue pour la dernière fois au jour de mon ignominie. Alors s'élevait effrontément entre nous le fantôme moqueur de Rascal. Je couvrais mon visage de mes mains ; je fuyais à travers les bruyères ; mais l'effroyable vision s'attachait à mes pas et me poursuivait sans relâche. Hors d'haleine, je tombai enfin sur la terre, où je me roulai avec le délire d'un insensé.

Et tant de maux pour une ombre ! pour une ombre, qu'un seul trait de plume m'aurait rendue ! Quand je songeais à l'étrange proposition de l'inconnu et à mon refus obstiné, je ne trouvais que chaos dans mon esprit ; je n'avais plus la faculté de comparer ni de juger.

Le jour s'écoula. J'apaisai ma faim avec des fruits sauvages, ma soif dans un torrent de la montagne. La nuit arriva, je la passai au pied d'un arbre. La fraîcheur du matin me réveilla d'un sommeil pénible, épouvanté par les sons convulsifs qui s'échappaient de mon gosier, comme le râle de la mort. Bendel paraissait avoir perdu mes traces, et j'aimais à me le redire. Farouche comme le cerf des montagnes, je ne voulais plus retourner parmi les hommes, dont je fuyais l'aspect. Ainsi se passèrent trois jours d'angoisse.

J'étais au matin du quatrième, dans une plaine sablonneuse que le soleil inondait de ses rayons. Étendu sur quelques débris de roche, j'éprouvais un certain charme dans la sensation de la chaleur de l'astre du jour, car aujourd'hui je recherchais son aspect, dont je m'étais privé si long-temps. Je nourrissais mon cœur de son désespoir. Tout-à-coup, un bruit léger vint frapper mon oreille ; et, prêt à fuir, je jetai les yeux autour de moi. Je n'aperçus personne. Cependant, une ombre qui ressemblait assez à la mienne glissait devant moi sur le sable, et semblait, allant ainsi seule, avoir perdu celui à qui elle appartenait. Cette vue éveilla toute ma cupidité : « Ombre ! m'écriai-je, si tu cherches ton maître, je veux t'en servir. » Et je m'élançai vers elle pour m'en emparer, car je pensais que si je réussissais à marcher dans ses traces, de façon à ce qu'elle vînt juste à mes

pieds, elle y resterait sans doute attachée, et
pourrait, avec le temps, finir par s'accoutumer
à moi.

L'ombre, à ce brusque mouvement, prit la
fuite devant moi, et je la poursuivis. La chasse
que je donnais à cette proie légère exigeait une
vitesse et des forces que je ne pus trouver que
dans l'espoir de finir en un instant tous mes
maux. L'ombre fuyait vers une forêt qui était
encore éloignée, mais dans l'épaisseur de laquelle j'allais la perdre ; je le sentais, et l'effroi
qui me saisit à cette idée redoubla mon ardeur.
Je gagnais visiblement du terrain ; je m'approchais d'elle, j'allais l'atteindre. Tout-à-coup
elle s'arrête et se retourne vers moi. Comme un
lion qui se précipite sur sa proie, je m'élance
pour en prendre possession, et je heurte inopinément un obstacle solide contre lequel s'abat
mon essor. Alors me furent portés dans les
flancs, et par un bras invisible, les plus terribles coups que jamais peut-être un homme ait
reçus.

L'effet que produisit en moi la frayeur fut de
me faire embrasser convulsivement l'objet ina-
perçu qui se trouvait devant moi. Dans cette action subite je tombai en avant, et alors un
homme que je tenais embrassé, et qui était tombé sous moi à la renverse, m'apparut soudain.

Ce qui venait de se passer s'expliquait donc
tout naturellement. Il fallait que cet homme
eût été porteur du fameux nid d'oiseaux, dont
la vertu communique l'invisibilité, sans empêcher, comme on sait, celui qui le possède de

porter une ombre ; il fallait encore que ce nid
lui fût échappé dans sa chute. Je jetai donc les
yeux autour de moi , et cherchai avidement sur
l'arène éclairée l'ombre du nid invisible ; je
l'aperçus , m'élançai et saisis, sans le manquer ,
le nid lui-même. J'étais invisible avec ce trésor,
et l'ombre dont j'étais privé ne pouvait me
trahir.

Mon adversaire, s'étant aussitôt relevé, cherchait des yeux son heureux vainqueur, mais il
ne découvrit sur la plaine éclairée ni lui , ni
son ombre, dont il paraissait surtout s'enquérir , car il n'avait pas eu sans doute, avant notre
rencontre, le loisir de remarquer que je fusse
sans ombre. Lorsqu'il se fut assuré que toute
trace du ravisseur avait disparu, il porta ses
mains sur lui-même avec le plus violent désespoir, et se mit à s'arracher les cheveux. Cependant ma précieuse conquête, en me donnant le
moyen de me replonger dans le tourbillon du
monde, m'en inspirait le désir. Je ne manquais
pas de prétextes pour colorer à mes propres
yeux l'énormité de mon action , mais plutôt je
n'en cherchai aucun; et , pour me soustraire à
tout remords , je m'éloignai sans regarder en
arrière, et sans prêter l'oreille à l'infortuné,
dont la voix lamentable me poursuivit long-
temps encore. Telles furent, telles me parurent
du moins alors, toutes les circonstances de cet
événement.

Je brûlais du désir de me rendre au jardin
de l'inspecteur , et de vérifier par moi-même
les rapports de l'odieux inconnu. Je ne savais

où j'étais ; je gravis pour m'orienter la colline
la plus prochaine, et de son sommet je décou-
vris presqu'à mes pieds et la ville et le jardin.
Aussitôt mon cœur battit avec force, et des
larmes, bien différentes de celles que jusque
là j'avais versées, roulèrent dans mes yeux ;
j'allais donc la revoir ! Je descendis par le sentier le plus direct ; un désir inquiet précipitait
mes pas. Je passai, sans être vu, auprès de
quelques paysans qui venaient de la ville. Ils
s'entretenaient de moi, du père de Mina, de
Rascal ; je ne voulus pas les entendre ; j'accé-
lérai ma course.

J'entrai dans le jardin ; mon cœur tressaillit.
Je crus d'abord entendre un éclat de rire, qui
me fit frissonner. Je regardai partout autour de
moi, mais je ne pus découvrir personne. Je
m'avançai dans le jardin ; il me semblait entendre comme les pas d'un homme qui aurait
marché à mes côtés, et cependant je ne voyais
rien ; je crus que mon oreille me trompait. Il
était encore de bonne heure : personne dans le
jardin, personne sous le berceau du comte
Pierre ; tout était encore désert. Je parcourus
ces allées qui m'étaient si connues ; je m'avançai jusqu'auprès de la maison. Le bruit qui
m'inquiétait me poursuivait, et devenait même
plus distinct. Je m'assis, respirant à peine, sur
un banc placé au soleil vis-à-vis de la porte.
Il me sembla que l'invisible lutin qui s'achar-
nait à me poursuivre s'asseyait à côté de moi
avec un rire sardonique. J'entendis tourner la
clef ; la porte s'ouvrit ; l'inspecteur sortit, des

papiers à la main. Je sentis en même temps
comme un brouillard passer sur ma tête ; je regardai autour de moi, je frémis d'horreur ;
l'homme en habit gris était assis à mon côté,
et me considérait avec un regard infernal. Il
avait étendu sur moi le bonnet de nuage qui le
couvrait, et mon ombre gisait paisiblement à
ses pieds à côté de la sienne. Il roulait négligemment entre ses doigts le parchemin que je
connaissais ; et tandis que l'inspecteur, occupé
des papiers qu'il feuilletait et relisait, se promenait en long et en large à l'ombre des tilleuls, il se pencha familièrement à mon oreille,
et me tint ce discours :

« Vous vous êtes donc pourtant rendu à mon
invitation, et nous voilà, comme on dit, deux
têtes dans un bonnet. C'est à merveille ; or
rendez-moi mon nid d'oiseau ; vous n'en avez
plus besoin, et vous êtes trop honnête homme
pour vouloir injustement retenir le bien d'au-
trui. D'ailleurs, sans remercîment, je vous
proteste que c'est du meilleur de mon cœur que
je vous l'ai prêté. » Il le reprit de mes mains
sans que je m'y opposasse, le remit dans sa
poche, et me regarda en partant d'un nouvel
éclat de rire, qui même fut si sonore, que le
forestier se retourna au bruit. Je restai pétrifié.

« Avouez, poursuivit-il, que ce bonnet est
encore beaucoup plus commode que mon nid
d'oiseau ; il couvre du moins l'homme et son
ombre, et toutes les ombres qu'il lui prend fantaisie d'avoir. Voyez, j'en ai pris aujourd'hui
deux à ma suite. » Il se mit à rire. « Tenez-

vous pour dit, Schlémihl, que l'on en vient à
faire malgré soi ce que l'on n'avait pas voulu
faire de bon gré. Je suis toujours d'avis , et il
en est encore temps, que vous repreniez votre
ombre et votre prétendue. Pour Rascal , nous
le ferons pendre ; cela ne sera pas difficile tant
qu'il y aura des cordes. Tenez, je vous donne-
rai mon bonnet par dessus le marché. »

La mère de Mina survint, et la conversation
s'établit entre elle et son mari. — « Que fait
Mina ? — Elle pleure. — Quelle déraison !...
Qu'y faire ? — Je ne sais, mais la donner sitôt
à un autre !.... Oh mon ami ! tu es bien cruel
envers ton enfant. — Non , ma femme , tu ne
vois pas juste dans cette occasion. Quand , après
avoir versé quelques larmes, elle se trouvera
la femme d'un homme honoré et puissamment
riche , elle se consolera, et sa douleur ne lui pa-
raîtra plus que comme un songe. Elle remer-
ciera Dieu et ses parents, tu le verras. — Je
le souhaite.

Elle possède sans doute aujourd'hui une belle
fortune ; mais, après le bruit qu'a fait sa malheureuse liaison avec cet aventurier, crois-tu
qu'il soit facile de trouver pour elle un parti
tel que M. Rascal ? Sais-tu à quoi monte sa
fortune ? M. Rascal vient d'acheter comptant
pour six millions de belles et bonnes terres , li-
bres de toute hypothèque. J'en ai eu les titres
entre les mains. C'était lui dans le temps qui
mettait l'enchère sur toutes celles que je voulais acquérir pour Mina ; il possède en outre en
portefeuille pour environ trois millions de pa-

piers sur la maison Thomas John. — Il faut
donc qu'il ait beaucoup volé. — Que dis-tu
là? Il a sagement économisé tandis que d'autres
jetaient par les fenêtres. — Mais un homme
qui a porté la livrée! — Sottise! Son ombre
est exempte de taches — Tu as raison, mais
cependant...... »

L'homme en habit gris me regarda encore
en riant. La porte s'ouvrit. Mina parut appuyée
sur le bras d'une femme de chambre. Des larmes sillonnaient ses joues décolorées. Elle prit
place dans un fauteuil qu'on lui avait préparé
sous les tilleuls, et son père s'assit sur une
chaise à côté d'elle. Il prit sa main, la serra
tendrement et lui adressa la parole en adoucis-
sant le son de sa voix. Les larmes de Mina coulèrent plus abondantes.

« Tu es ma bonne, ma chère enfant; tu se-
ras raisonnable; tu ne voudras pas affliger ton
vieux père, qui ne souhaite que ton bonheur.
Je conçois, ma chère fille, que tout ce qui
vient de se passer t'a fortement affectée; tu as
échappé comme par miracle à ta ruine. Avant
que nous eussions découvert l'infamie de ce
misérable, tu l'aimais, tu l'aimais tendrement,
je le sais, mon enfant, et je ne t'en fais point
de reproches; je l'ai chéri moi-même tant que
je l'ai pris pour un grand seigneur. Mais con-
sidère comment les choses ont changé. Quoi!
le dernier manant, jusqu'au moindre barbet,
chacun a son ombre, en ce monde, et ma fille
unique aurait été l'épouse d'un homme!.....
Non, tu ne penses plus certainement à lui.

Ecoute, Mina : un homme qui ne craint pas le soleil, un honnête homme, qui n'est pas, à la vérité, un prince, mais qui a dix millions de bien (dix fois autant que tu en possèdes toi-même), recherche ta main. Un homme qui rendra ma chère fille heureuse. Ne me réponds rien ; ne me résiste pas ; sois ma fille bien aimée, ma fille soumise ; obéis ; laisse ton père veiller à tes intérêts, régler ton sort et sécher tes larmes. Promets-moi de donner ta main à M. Rascal. Dis, veux-tu me le promettre...? »

Elle répondit d'une voix mourante : «Je n'ai plus aucun désir sur la terre. Que la volonté de mon père décide de mon sort. »

Aussitôt on annonça M. Rascal. Il se présenta d'un air assuré. Mina perdit l'usage de ses sens. Mon diabolique compagnon, me regardant d'un air courroucé, m'adressa rapidement ces mots : — « Et vous pourriez soutenir cette scène ! Qu'est-ce donc qui coule dans vos veines? est-ce bien du sang? » Et d'un mouvement prompt il me fit une légère blessure à la main. — « Oui, dit-il, c'est du sang, du véritable sang ; signez donc ! » Je me trouvai le parchemin dans une main, et la plume dans l'autre.

VII

Je veux, mon cher Adelbert, en appeler à ton jugement sans chercher à le séduire. Longtemps, juge impitoyable de moi-même, j'ai nourri le ver rongeur dans mon âme. Cet instant critique et décisif de ma vie, sans cesse présent à mes yeux, me tenait dans le doute et l'humiliation. — Mon ami, celui qu'une première imprudence écarte du droit chemin se voit bientôt égaré dans de perfides sentiers dont la pente l'entraîne; il ne saurait déjà plus retourner en arrière; ses regards interrogent en vain les astres du ciel; il ne saurait plus régler sur eux sa marche; il faut poursuivre, le gouffre l'appelle, et bientôt il ne lui reste plus qu'à se dévouer lui-même à Némésis. — Après la faute qui avait attiré sur moi le mépris des hommes, criminel par un amour irréfléchi, j'avais témérairement enveloppé dans mes tristes destinées l'existence d'un autre être. Devais-je balancer, quand il en était encore temps, à m'élancer en aveugle pour sauver du précipice celle que j'y avais moi-même jetée? Ne me mé-

prise pas au point de croire qu'aucun prix qui
fût en ma puissance m'eût paru excessif, et que
j'eusse été plus avare d'aucune propriété que de
mon or. Non, je te le jure. Mais, Adelbert,
mon âme était tout absorbée dans la haine in-
vétérée que je portais à cet homme, dont les
voies courbes et mystérieuses me révoltaient.
Peut-être que je lui faisais tort, mais je n'étais
pas maître de moi, et toute communauté avec
lui me faisait horreur. Il arriva donc encore
cette fois ce qui déjà souvent m'était arrivé
dans ma vie, et ce dont se compose en général
l'histoire des hommes: un événement remplit la
place d'une action. Je me suis depuis réconcilié avec moi-même. J'ai appris à révérer la nécessité, et qu'est-ce qui lui appartient plus irrévocablement que l'action commise et l'événement avenu? J'ai appris à révérer cette même
nécessité comme un ordre sage qui conserve et
dirige le vaste ensemble dans lequel nous en-
trons comme des rouages qui reçoivent et pro-
pagent le mouvement. Il faut que ce qui doit
être arrive. Ce qui devait être arriva, et plus
tard j'ai reconnu avec vénération l'impulsion ir-
résistible de cette force intelligente dans mes
propres destinées, et dans celles des êtres ché-
ris sur lesquels s'étendit leur influence.

Je ne sais si je dois l'attribuer à la trop forte
tension de tous les ressorts de mon âme, à l'é-
puisement de mes forces physiques, ou bien
au désordre inexprimable qu'excitait dans tout
mon être le voisinage odieux de cet individu.
Quoi qu'il en soit, à l'instant de signer, je me

sentis défaillir; je tombai sans connaissance, et je demeurai un temps considérable entre les bras de la mort.

Quand je revins à moi, des trépignements de pieds et des imprécations furent les premiers sons qui frappèrent mon oreille. J'ouvris les yeux. Il était nuit, mon odieux compagnon me donnait ses soins tout en m'accablant d'injures. — « N'est-ce pas là, disait-il, se conduire comme une vieille femme? Allons! qu'on se dépêche, et qu'on fasse ce que l'on a résolu de faire ; ou bien a-t-on changé d'avis, et veut-on s'en tenir à pleurer ? » Je me relevai péniblement de la terre où j'étais étendu, et jetai en silence mes regards autour de moi. Il faisait tout-à-fait nuit. Dans la maison illuminée de l'inspecteur des forêts retentissait une musique bruyante. Quelques personnes parcouraient les allées du jardin ; deux d'entre elles s'approchèrent en conversant et vinrent prendre place sur le banc où moi-même j'avais été assis. J'écoutais leurs discours ; elles s'entretenaient du mariage de l'opulent M. Rascal avec la fille de l'inspecteur des forêts, mariage qui avait été célébré dans la matiné de ce même jour. Ainsi donc, c'en était fait.

Je retirai sans rien dire ma tête de dessous le bonnet de nuage de l'inconnu, qui disparut aussitôt à mes regards, et je me hâtai, en m'enfonçant dans l'épaisseur des bosquets et en passant par le berceau du comte Pierre, de regagner la porte du jardin. Cependant, attaché à moi comme un vampire, mon compagnon invisible me poursuivait et ne cessait de m'assaillir de ses discours envenimés. — « Voilà donc ce que l'on gagne à soigner durant tout un jour Monsieur, qui a des attaques de nerfs. Un autre aurait dit : grand merci; mais, mon ami, c'est fort bien; fuyez-moi tant que vous voudrez ; sauvez-vous tant que vous pourrez : nous n'en serons pas moins inséparables. Vous avez mon or et j'ai votre ombre. Il n'est plus de repos pour l'un ni pour l'autre. Jamais ombre a-t-elle abandonné son homme? La vôtre m'entraîne, m'attache à votre suite , jusqu'à ce qu'enfin il vous plaise de la recevoir en grâce, et de m'en débarrasser. Je vous le prédis, vous ferez un jour, et trop tard , par lassitude et par ennui, ce que vous n'avez pas voulu faire de bon cœur, quand il en était temps. On n'échappe pas à sa destinée ! » Il continuait à parler sur le même ton. Je fuyais en vain ; il s'obstinait avec ironie à me retracer les attraits de l'ombre et de l'or. Je ne pouvais me recueillir ni former aucune pensée suivie.

J'avais regagné ma maison en traversant quelques rues écartées et désertes ; j'eus peine à la reconnaître. Les fenêtres en étaient brisées , les portes barricadées, aucune lumière n'éclairait les appartements, aucun bruit ne s'y faisait entendre, aucun domestique ne m'attendait. Mon invisible persécuteur éclata de rire. « Ainsi va le monde, dit-il, mais vous retrouverez votre Bendel. On l'a prudemment l'autre jour renvoyé si fatigué, qu'il aura été obligé de garder la maison. » Il se remit à rire. « Il aura

une longue histoire à vous faire. Bonsoir donc
pour aujourd'hui. Au plaisir de vous revoir, et
bientôt! »

J'avais sonné à plusieurs reprises; je vis une
lumière en mouvement. Bendel demanda qui
était là; lorsque cet excellent serviteur eut reconnu ma voix, à peine put-il contenir ses trans-
ports. La porte s'ouvrit et nous tombâmes,
en pleurant, dans les bras l'un de l'autre. Je le
trouvai très changé. Il était faible et malade.
Pour moi, mes cheveux étaient devenus tout
gris. Il me conduisit à travers ces vastes appartements, entièrement dévastés, à un cabinet intérieur qui avait été épargné. Il y apporta quelque nourriture, et, s'étant assis près de moi, il
recommença à pleurer. Il me raconta que l'homme grêle en habit gris, qu'il avait surpris avec
mon ombre, l'avait entraîné à sa suite très loin
et très long-temps, jusqu'à ce que, tombant de
lassitude et ne pouvant plus retrouver mes traces, il fut réduit à prendre le parti de se traîner
chez moi pour m'y attendre; que bientôt la po-
pulace, soulevée et ameutée par Rascal, avait
assouvi sa fureur en brisant les fenêtres et les
meubles de mon hôtel; que mes gens s'étaient
dispersés; que la police m'avait banni comme
suspect, et m'avait assigné vingt-quatre-heu-
res pour sortir du territoire. Voilà comment ils
avaient reconnu tous mes bienfaits.

A ce que je savais déjà de la fortune et du
mariage de Rascal, il ajouta quelques circonstances que j'ignorais encore. Ce scélérat, auteur de tous les désastres qui venaient de fondre

sur moi, semblait avoir connu mon secret dès le principe, et ne s'être attaché à moi que par attrait pour l'or. Il s'était probablement procuré une clef de l'armoire où étaient jadis cachées mes richesses, et avait dès lors jeté les fonde-ments d'une fortune qu'il pouvait aujourd'hui négliger d'augmenter.

Ce récit, Bendel l'avait entrecoupé de bien des larmes. Lorsqu'il l'eut achevé, il en répandit de nouvelles, mais de la seule joie que lui cau-sait mon retour, car il avait craint de ne plus me revoir, et frémi des extrémités auxquelles aurait pu me porter l'adversité qu'il me voyait aujourd'hui supporter avec calme. Tel était, en effet, le caractère qu'avait pris en moi le désespoir. Mon infortune se présentait à moi comme une fatale nécessité ; je n'avais plus de larmes à lui donner ; aucun gémissement, au-cun cri, ne pouvait plus sortir de mon sein. Je courbais avec une apparente indifférence une tête dévouée sous la main invisible qui m'op-primait.

« Bendel, lui dis-je, tu connais mon sort. Je n'ai pas laissé de provoquer le châtiment qui me poursuit. Je ne veux pas t'associer plus long-temps à ma destinée, toi dont le bon cœur et l'innocence méritent un meilleur sort. Selle-moi un cheval ; je vais partir. Séparons-nous ; je le veux. Il doit encore rester ici quelques caisses remplies d'or, garde-les ; pour moi, je vais seul et sans but parcourir le monde. Si jamais je revois des jours plus sereins, si le bonheur daigne encore me sourire, alors je

penserai fidèlement à toi, car, dans les heures
de l'adversité, j'ai plus d'une fois répandu des
larmes dans ton sein. »

Il fallut que Bendel, effrayé de ma résolution et le cœur déchiré, obéît à ce dernier ordre
de son maître. Sourd à ses représentations et à
ses prières, je fus inébranlable. Il m'amena
mon cheval ; je serrai encore une fois entre mes
bras l'ami de mon malheur, et m'éloignai, dans
les ténèbres de la nuit, de ce lieu funeste, tombeau de mes espérances. Je ne faisais aucune
attention à la route que suivait mon cheval,
car je n'avais plus sur la terre aucun but, aucun
désir.

VIII

Bientôt je fus joint par un piéton, qui, après m'avoir suivi quelque temps, me demanda la permission, puisque nous suivions la même route, de placer sur la croupe de mon cheval un manteau qui l'incommodait. Je le laissai faire sans lui répondre. Il me remercia de ce léger service avec aisance et politesse; loua cependant la beauté de ma monture, en prit occasion de célébrer le bonheur et la puissance des riches, et enfin s'engagea, je ne sais trop comment, dans une sorte de dialogue avec lui-même, pendant lequel je jouais le rôle passif d'auditeur.

Il développa ses idées sur le monde, et aborda bientôt la métaphysique, dont le problème est de nous révéler le mot de la grande énigme, et de nous donner la clef de toutes celles qui bornent notre pensée. Il posa la question avec beaucoup de clarté, et se mit aussitôt à y répondre.

Tu sais, mon ami, qu'après avoir écouté

tous nos philosophes, j'ai clairement reconnu que je n'étais aucunement appelé à me mêler de leurs spéculations, et que, dans le sentiment de mon insuffisance, je me suis irrévocablement retiré de l'arène. J'ai depuis laissé dormir bien des questions, que je me suis résigné à ignorer, à ne pas faire ou à laisser sans réponse, et, me confiant en la droiture de mon sens, j'ai, comme tu me le conseillais toi-même, suivi autant que je l'ai pu la voix qui s'élevait en moi pour me conduire, et n'ai voulu qu'elle pour guide sur la route que je me suis frayée. Cependant ce rhéteur, dont j'admirais le talent, me semblait élever un édifice, fondé en apparence sur sa propre nécessité. Mais je n'y trouvais pas ce que précisément j'y aurais voulu; et dès lors ce n'était plus pour moi qu'une de ces constructions élégantes qui ne servent qu'à récréer la vue par la symétrie de leurs formes; mais je prenais plaisir à l'éloquence du sophiste, qui, maîtrisant mon attention, m'avait distrait de mes propres maux, et je ne lui aurais pas résisté s'il avait su ébranler mon âme, comme il savait dominer mon esprit.

Les heures cependant s'étaient écoulées, et le crépuscule avait insensiblement succédé à la nuit. Un secret effroi me fit tressaillir lorsque, levant les yeux, je vis l'orient briller des couleurs qui annoncent le retour du soleil, et, à l'heure où les ombres que projettent les corps opaques jouissent de leur plus grande dimension, je ne découvrais contre lui, dans la contrée ouverte que je parcourais, aucun abri, aucun rempart; et je n'étais pas seul! Alors, pour la première fois, je jetai un coup d'œil sur mon compagnon de voyage; je frémis de nouveau : ce rhéteur n'était autre que l'homme en habit gris.

Il sourit de ma consternation, et poursuivit ainsi son discours, sans me laisser le temps de prendre la parole : « Souffrez qu'une fois, comme c'est l'usage dans le monde, notre intérêt commun nous réunisse; nous aurons toujours le temps de nous séparer. Je vous avertis que cette route qui traverse les montagnes est la seule que vous puissiez tenir. Vous n'oseriez descendre dans la plaine, et vous ne voudriez pas sans doute repasser les montagnes pour retourner au lieu d'où vous êtes venu; ce chemin est aussi le mien. Je vous vois pâlir à l'approche du soleil; je veux bien vous prêter votre ombre pour le temps que durera notre société, et, pour cette complaisance, vous me souffrirez près de vous; aussi bien n'avez-vous plus votre Bendel; vous serez content de mon service. Vous ne m'aimez pas, j'en suis fâché; cela vous empêche-t-il de vous servir de moi? Le diable n'est pas si noir qu'on le peint. Vous m'avez impatienté hier, cela est vrai; mais je ne vous en tiens pas rancune aujourd'hui, et vous m'avouerez que je vous ai déjà abrégé le chemin jusqu'ici. Allons, faites encore une fois l'essai de votre ombre. »

Déjà le soleil paraissait à l'horizon, et je voyais du monde s'avancer vers nous sur la route. J'acceptai la proposition, quoique avec une extrême répugnance, et l'homme gris, en souriant, laissa glisser à terre mon ombre, qui alla aussitôt prendre sa place sur celle de mon cheval, et se mit à trotter gaîment à mon côté ; je ne saurais exprimer l'étrange émotion que je ressentis à cette vue.

Je passai devant une troupe de paysans, qui se rangèrent pour faire place à un homme riche, et ôtèrent respectueusement leurs chapeaux. Le cœur me battait avec force, et, du haut de mon cheval, je regardais de côté, et d'un œil de convoitise, cette ombre qui, autrefois, m'avait appartenu, et que maintenant je ne tenais qu'à titre de prêt d'un étranger, d'un être que j'abhorrais.

Mon compagnon, cependant, semblait être dans la plus parfaite sécurité ; il me suivait en s'amusant à siffler, lui à pied, moi bien monté. La tentation était trop forte : il me prit comme un vertige, je piquai des deux, courus ainsi à pleine carrière un certain espace de chemin ; mais je n'emmenais pas mon ombre avec moi, elle avait glissé sous celle de mon cheval, lorsque celui-ci avait pris le galop, et était retourné à son légitime propriétaire. Il me fallut honteusement tourner bride. L'homme en habit gris, lorsqu'il eut tranquillement achevé son air, se moqua de moi, rajusta mon image à la place qu'elle devait occuper, et m'apprit qu'elle ne me resterait attachée que lorsqu'elle serait redevenue ma propriété. « Je vous tiens, continua-t-il, par votre ombre, et vous ne m'échapperez pas : un homme riche comme vous a

besoin de ce meuble, et vous n'avez que le tort
de ne pas l'avoir senti plus tôt. »

Je poursuivis mon voyage dans la même di-
rection, et toutes les commodités de la vie,
ses superfluités, le luxe, la magnificence, re-
vinrent insensiblement m'entourer. Muni d'une
ombre, bien que d'emprunt, je pouvais me
mouvoir sans crainte et sans gêne ; je jouissais
de ma liberté, et j'inspirais partout le respect
que l'on doit à l'opulence; mais j'avais la mort
dans le cœur. Mon incompréhensible compagnon, qui partout se donnait lui-même pour
le serviteur indigne de l'homme du monde le
plus riche, était d'une complaisance sans bornes ; il remplissait en effet près de moi les fonc-
tions de valet avec un empressement, une intelligence et une dextérité qui surpassaient toute
idée ; c'était le modèle accompli du valet de
chambre d'un riche. Mais il ne me quittait pas,
et ne cessait d'exercer sur moi son éloquence,
affectant toujours la plus parfaite sécurité que
je finirais, ne fût-ce que pour me débarrasser
de lui, par conclure le marché qu'il m'avait
proposé. Il m'était en effet aussi à charge qu'o-
dieux ; il me faisait peur. Je m'étais placé moi-
même dans sa dépendance; il me tenait asservi
depuis qu'il m'avait fait de nouveau jouer un
rôle sur la scène du monde, que je voulais
fuir. Je ne pouvais plus lui imposer silence, et
je sentais qu'au fond il avait raison. Il faut dans
le monde qu'un riche ait une ombre, et si je
voulais soutenir l'état qu'il m'avait insidieuse-
ment fait reprendre, il n'y avait qu'une issue

à prévoir. Cependant j'avais irrévocablement résolu, après avoir sacrifié mon amour et désenchanté ma vie, que pour toutes les ombres de la terre je n'engagerais point mon âme, quel que pût être l'événement.

Un jour, nous étions assis à l'entrée d'une caverne que les étrangers qui voyagent dans les montagnes ont coutume de visiter. La voix des torrents souterrains se fait entendre dans une profondeur immense, et les pierres que l'on jette dans le gouffre retentissent long-temps dans leur chute, sans paraître en atteindre le fond.

L'homme gris, selon sa coutume, me faisait, avec une imagination prodigue et toute la magie des plus vives couleurs, le tableau ravissant de tout ce que je pourrais effectuer dans ce monde, au moyen de ma bourse, dès que j'aurais recouvré la propriété de mon ombre.

Les coudes appuyés sur mes genoux, cachant mon visage dans mes deux mains, je prêtais l'oreille au corrupteur, et mon cœur hésitait entre les attraits de la séduction et l'austérité de ma volonté. Je ne pouvais plus long-temps rester ainsi en guerre avec moi-même; j'engageai enfin un combat qui devait être décisif.

« Vous paraissez oublier, Monsieur, que, si je vous ai permis de m'accompagner jusqu'ici, ce n'a été qu'à certaines conditions, et que je me suis réservé mon entière liberté. — Dites un mot, répondit-il, et je ferai mon paquet. » Cette sorte de menace lui était familière. Je

gardai le silence; il se mit en devoir de re-
ployer mon ombre et de l'emporter. Je pâlis,
mais je le laissai faire. Il acheva, et un long
silence suivit. Il reprit enfin la parole :

« Vous me haïssez, Monsieur, je le sais;
mais pourquoi me haïssez-vous? Serait-ce pour
m'avoir attaqué en voleur de grand chemin et
vous être applaudi, dans votre sagesse, de m'a-
voir dépouillé un moment de mon nid d'oiseau?
Ou bien, est-ce pour avoir voulu me voler, comme un filou, le bien que vous supposiez confié à
votre seule probité, cette ombre que vous savez
fort bien m'avoir vendue? Quant à moi, je ne
vous en veux pas pour cela; je trouve tout simple que vous cherchiez à user de tous vos avantages, ruse et violence. Que d'ailleurs vous
vous prêtiez les principes les plus sévères, et
que, dans votre esprit, vous rêviez à un beau
idéal de délicatesse, c'est une fantaisie dont je
ne m'offense pas. Je n'ai pas, en effet, une mo-
rale aussi austère que la vôtre, mais j'agis
comme vous pensez. Dites-moi, par exemple,
si je vous ai jamais pris à la gorge pour avoir
votre belle âme, dont vous savez que j'ai envie;
si jamais je vous ai fait attaquer par quelqu'un
de mes gens pour recouvrer ma bourse; ou si
j'ai essayé d'ailleurs de vous en priver par quelque tour de passe-passe? » Je n'avais rien à
répondre; il poursuivit : — « C'est fort bien,
Monsieur, c'est fort bien; vous ne sauriez me
souffrir, je le conçois facilement, et je ne vous
en fais point de reproches. Il faut nous séparer,
cela est clair, et je vous avouerai que, de mon

côté, je commence aussi à vous trouver infiniment ennuyeux. Or donc, pour vous soustraire définitivement et à jamais à l'humiliation de ma fâcheuse présence, je vous le conseille encore une fois, rachetez-moi cette ombre tant regrettée. » — A ce prix? lui dis-je, en lui présentant la bourse. » — « Non. » Telle fut sa laconique réponse. Je soupirai profondément et repris la parole : « A la bonne heure. Je n'en insiste pas moins sur notre séparation. Ne vous obstinez pas, Monsieur, à me barrer plus longtemps le chemin sur cette terre, qui, je pense, est assez large pour tous deux. » Il sourit et me répliqua : — « Je pars, Monsieur, mais auparavant je veux vous apprendre à sonner votre valet très indigne, si jamais vous pouviez avoir besoin de lui. Vous n'avez pour cela qu'à secouer votre bourse ; le tintement de l'or éternel qu'elle renferme se fera partout entendre à mon oreille, et je serai toujours à vos ordres. Chacun pense à son profit dans ce monde ; vous voyez qu'en songeant au mien je ne néglige pas vos intérêts. N'est-il pas évident que je remets aujourd'hui une nouvelle force à votre disposition? Oh! cette bourse! Tenez, quand les teignes auraient rongé votre ombre, cette bourse serait encore un lien solide entre nous. En un mot, vous me tenez par la bourse ; vous pouvez m'appeler quand il vous plaira, et disposer, en tout temps et en tous lieux, de votre très humble et très obéissant serviteur. Vous savez quels services je puis rendre à mes amis, et que surtout les riches sont bien dans mes papiers ; vous l'avez vu. Mais pour votre ombre, Monsieur, tenez-vous-le pour dit, vous savez le prix que j'y mets. J'ai l'honneur de vous saluer. »

En ce moment d'anciens souvenirs se retracèrent inopinément à mon esprit. Je lui demandai avec vivacité : « Aviez-vous une signature de M. John ? » Il répondit en souriant : — « Avec un ami tel que lui, je n'avais pas besoin d'écriture. » — « Mais qu'est-il devenu ? Où est-il à cette heure, m'écriai-je ; au nom de Dieu, je veux le savoir ! »

Il mit en hésitant sa main droite dans sa poche, et en tira par les cheveux le fantôme pâle et défiguré de Thomas John, dont les lèvres livides s'entr'ouvrant avec peine laissèrent échapper ces mots : *Justo judicio Dei judicatus sum ; justo judicio Dei condemnatus sum.* Je suis jugé par un juste jugement de Dieu ; je suis condamné par un juste jugement de Dieu.

Saisi d'horreur, je jetai précipitamment la bourse que je tenais dans le gouffre, et m'écriai : — « Je t'en conjure, au nom de Dieu, misérable, éloigne-toi d'ici, et ne reparais jamais devant mes yeux. » Il se leva aussitôt, d'un air sombre et sinistre, et disparut parmi les rochers qui formaient l'enceinte de ce lieu sauvage.

IX

Je me trouvais donc sans ombre et sans argent, mais ma poitrine était soulagée du fardeau qui l'avait oppressée, et je respirais librement. Si je n'avais pas perdu mon amour, ou si dans cette perte je m'étais cru sans reproches, je crois que j'aurais été heureux. Cependant je ne savais que faire, et j'ignorais ce que j'allais devenir. Je visitai d'abord mes poches, où je trouvai encore quelques pièces d'or ; je les comptai, et je me mis à rire. J'avais laissé mes chevaux dans la vallée, à l'auberge prochaine, mais j'avais honte d'y retourner. Au moins fallait-il pour cela attendre le coucher du soleil, et il était à peine à son midi. Je m'étendis à l'ombre d'un arbre, et je m'endormis profondément.

A travers le tissu diaphane d'un songe délicieux, je vis groupées autour de moi les plus riantes images. Je vis Mina couronnée de fleurs s'approcher, me sourire, se pencher vers moi, et glisser comme sur les ailes du zéphyr. L'honnête Bendel, le front radieux, passa devant moi, et me tendit la main. De nombreux groupes semblaient former dans le lointain des danses légères. Je reconnus plusieurs personnes ; je crus te reconnaître toi-même, mon cher Adelbert. Une vive lumière éclairait le paysage ; cependant personne n'avait d'ombre, et ce qu'il y avait de plus extraordinaire, c'est que cela n'avait rien de choquant. Des chants retentissaient sous des bosquets de palmiers, tout respirait le bonheur. Je ne pouvais fixer toutes ces images fugitives, je ne pouvais même les comprendre ; mais leur vue me remplissait d'une douce émotion, et je sentais que ce rêve m'enchantait. J'aurais voulu qu'il durât toujours, et en effet, long-temps après m'être réveillé, je tenais encore les yeux fermés, comme pour en retenir l'impression dans mon âme.

J'ouvris enfin les yeux. Le soleil était encore au ciel, mais du côté de l'orient ; j'avais dormi le reste du jour précédent et la nuit tout entière. Il me sembla que ce fût un avertissement de ne plus retourner à mon auberge. J'abandonnai sans regret tout ce que j'y possédais encore, et je résolus de suivre à pied le sentier qui, à travers de vastes forêts, serpentait sur les flancs de la montagne. Je m'abandonnai à mon destin, sans regarder en arrière, et je n'eus pas même la pensée de m'adresser à Bendel, que j'avais laissé riche, et sur lequel j'aurais pu compter dans ma détresse.

Je me considérai sous le rapport du nouveau rôle que j'allais avoir à jouer. Mon habillement était très modeste ; j'étais vêtu d'une vieille kourtke noire, que j'avais portée jadis à Berlin, et qui, je ne sais comment, m'était tombée sous la main le jour où j'avais quitté les bains. J'avais un bonnet de voyage sur la tête, et une paire de vieilles bottes à mes pieds. Je me levai, coupai un bâton d'épines à la place même où j'étais, en mémoire de ce qui s'y était passé, et je me mis sur-le-champ en route.

Je rencontrai dans la forêt un vieux paysan, qui me salua cordialement; je liai conversation avec lui. Je m'informai, comme le fait un voyageur curieux et à pied, d'abord du chemin, ensuite de la contrée et de ses habitants; enfin, des diverses productions de ces montagnes. Il répondit à toutes mes questions en bon villageois et avec détail. Nous arrivâmes au lit d'un torrent qui avait ravagé une assez vaste étendue de la forêt. Ce large espace éclairé par le soleil me fit frissonner intérieurement. Je laissai mon compagnon passer devant moi, mais il s'arrêta au milieu de cette dangereuse traversée, et se retourna vers moi, pour me raconter l'histoire et la date du débordement dont nous voyions les traces. Il s'aperçut bientôt de ce qui me manquait, et s'interrompant dans sa narration: — « Comment donc? dit-il, Monsieur n'a point d'ombre? — Hélas! non, répondis-je en gémissant; je l'ai perdue, ainsi que mes cheveux et mes ongles, dans une longue et cruelle maladie. Voyez, brave homme, à mon âge, quels sont les cheveux qui me sont revenus: ils sont tout blancs; mes ongles sont encore courts, et pour mon ombre, elle ne veut

pas repousser. » Il secoua la tête en fronçant
le sourcil, et répéta : « Point d'ombre! point
d'ombre! cela ne vaut rien, c'est une mauvaise
maladie que Monsieur a eue là. » Il ne reprit
pas le récit qu'il avait interrompu, et il me
quitta sans rien dire, au premier carrefour qui
se présenta. Mon cœur se gonfla de nouveau,
de nouvelles larmes coulèrent le long de mes
joues. C'en était fait de ma sérénité.

Je poursuivis tristement ma route, et je ne
désirai désormais aucune société; je me tenais
tout le jour dans l'épaisseur des bois, et, lorsque j'avais à traverser quelque lieu découvert,
j'attendais qu'aucun regard ne pût m'y surprendre. Je cherchais, le soir, à m'approcher
des villages où je voulais passer la nuit. Je me
dirigeais sur des mines situées dans ces montagnes, où j'espérais obtenir du travail sous
terre. Il fallait, dans ma situation présente,
songer à ma subsistance; il fallait surtout, et
je l'avais clairement reconnu, chercher dans
un travail forcé quelque relâche aux sinistres
pensées qui dévoraient mon âme.

Deux journées de marche par un temps plu-
vieux, où je n'avais pas le soleil à craindre,
m'avancèrent beaucoup sur ma route, mais ce
fut aux dépens de mes bottes, qui dataient du
temps du comte Pierre, et n'avaient pas été
faites pour voyager à pied dans les montagnes.
Je marchais à pieds nus; il fallait renouveler
ma chaussure. Le matin du jour suivant, le ciel
étant encore couvert, j'entrai, pour m'occuper
de cette affaire importante, dans un bourg où

l'on tenait foire, et je m'arrêtai devant une boutique où des chaussures vieilles et neuves étaient étalées. Je marchandai une paire de bottes neuves qui me convenaient parfaitement; mais le prix exorbitant que l'on en demandait m'obligea d'y renoncer. Je me rabattis sur d'autres déjà portées, qui paraissaient encore bonnes et très fortes; je conclus le marché. Le jeune garçon qui tenait la boutique, et dont une longue chevelure blonde ombrageait la belle figure, les remit entre mes mains, après en avoir reçu le paiement, et me souhaita d'un air gracieux un bon voyage. Je me chaussai de ma nouvelle emplette, et je sortis du bourg, dont la porte s'ouvrait du côté du nord.

Absorbé dans mes pensées, je regardais à peine à mes pieds; je songeais aux mines, où j'espérais arriver le soir même, et où je ne savais trop comment me présenter.

Je n'avais pas encore fait deux cents pas, lorsque je m'aperçus que je n'étais plus dans le chemin; je le cherchai des yeux. Je me trouvais au milieu d'une antique forêt de sapins, dont la coignée semblait n'avoir jamais approché. Je pénétrai plus avant; je ne vis plus autour de moi que des rochers stériles, dont une mousse jaunâtre et aride revêtait la base, et dont les sommets étaient couronnés de glaces et de neiges. L'air était extrêmement froid. Je regardai derrière moi; la forêt avait disparu. Je fis encore quelques pas; le silence de la mort m'environnait. Je me trouvai sur un champ de glace, qui s'étendait à perte de vue autour

de moi. L'air était épais ; le soleil se montrait
sanglant à l'horizon. Je ne comprenais rien à
ce qui m'arrivait. Le froid qui me gelait me
força de hâter ma marche. J'entendis le bruis-
sement éloigné des flots ; encore un pas, et je
fus aux bords glacés d'un immense océan ; et
devant moi des troupeaux innombrables de
phoques se précipitèrent en rugissant dans les
eaux. Je voulus suivre cette rive ; je revis des
rochers, des forêts de bouleaux et de sapins,
— des déserts. Je continuai un instant à courir ;
la chaleur devint étouffante. Je regardai autour
de moi ; j'étais au milieu de rizières et de riches
cultures. Je m'assis sous l'ombre d'une planta-
tion de mûriers ; je tirai ma montre : il n'y avait
pas un quart d'heure que j'étais sorti du bourg.
Je croyais rêver ; je me mordis la langue pour
m'éveiller, mais je ne dormais pas. Je fermai
les yeux pour rassembler mes idées. Les sylla-
bes d'un langage qui m'était tout à fait inconnu
frappèrent mon oreille. Je levai les yeux : deux
Chinois (la coupe asiatique de leur visage me
forçait d'ajouter foi à leur costume), deux Chinois m'adressaient la parole avec les génu-
flexions usitées dans leur pays. Je me levai et
reculai de deux pas ; je ne les revis plus : le
paysage avait changé, des bois avaient rem-
placé les rizières. Je considérai les arbres voi-
sins ; je crus reconnaître des productions de
l'Asie et des Indes orientales. Je voulus m'approcher d'un de ces arbres ; — une jambe en
avant, et tout avait encore changé. Alors je
me mis à marcher à pas comptés, comme une

recrue que l'on exerce, regardant avec admiration autour de moi. De fertiles plaines, de brûlants déserts de sable, des savanes, des forêts, des montagnes couvertes de neiges, se déroulaient successivement et rapidement à mes regards étonnés. Je n'en pouvais plus douter, j'avais à mes pieds des bottes de sept lieues.

X

Un vif et profond sentiment de piété me fit tomber à genoux, et des larmes de reconnaissance coulèrent de mes yeux. Un avenir nouveau se révélait à moi. J'allais, dans le sein de la nature que j'avais toujours chérie, me dédommager de la société des hommes, dont j'étais exclu par ma faute; toute la terre s'ouvrait devant mes yeux comme un jardin; l'étude allait être le mouvement et la force de ma vie, dont la science devenait le but. Je n'ai fait depuis ce jour que travailler, avec zèle et persévérance, à réaliser cette inspiration; et le degré auquel j'ai approché de l'idéal a constamment été la mesure de ma propre satisfaction.

Je me levai aussitôt pour prendre d'un premier regard possession du vaste champ où je me préparais à moissonner. Je me trouvais sur le haut plateau de l'Asie, et le soleil, qui peu d'heures auparavant s'était levé pour moi, s'inclinait vers son couchant. Je devançai sa course en traversant l'Asie d'orient en occident; j'en-

trai en Afrique par l'isthme de Suez, et je parcourus en différents sens ce continent, dont
chaque partie excitait ma curiosité. Passant en
revue les antiques monuments de l'Egypte,
j'aperçus près de Thèbes aux cent portes les
grottes du désert qu'habitèrent autrefois de
pieux solitaires, et je me dis aussitôt : « Ici sera
ma demeure. » Je choisis pour ma future habitation l'une des plus retirées, qui était à la fois
spacieuse, commode et inaccessible aux cha-
cals, et je poursuivis ma course. J'entrai en
Europe par les colonnes d'Hercule, et, après
en avoir regardé les diverses provinces, je passai du nord de l'Asie sur les glaces polaires, et
gagnai le Groënland et l'Amérique. Je parcourus les deux parties du nouveau monde, et
l'hiver qui régnait dans le sud me fit prompte-
ment retourner du cap Horn vers les tropiques.

Je m'arrêtai jusqu'à ce que le jour se levât
sur l'orient de l'Asie, et repris ma course après
quelque repos. Je suivis du sud au nord des
deux Amériques la haute chaîne de montagnes
qui en forme l'arête. Je marchais avec précaution, d'un sommet à un autre, sur des glaces
éternelles et au milieu des feux que vomissaient
les volcans; souvent j'avais peine à respirer.
Je cherchai le détroit de Behring et repassai
en Asie. J'en suivis la côte orientale dans toutes ses sinuosités, examinant avec attention
quelles seraient celles des îles voisines qui pourraient m'être accessibles.

De la presqu'île de Malacca mes bottes me
portèrent sur les îles jusqu'à celle de Lamboc.

Je m'efforçai, non sans m'exposer à de grands
dangers, de me frayer, au travers des roches
et des écueils dont ces mers sont remplies, une
route vers Bornéo, et puis vers la Nouvelle-Hollande : il fallut y renoncer. Je m'assis enfin sur
le promontoire le plus avancé de l'île que j'a-
vais pu atteindre, et, tournant mes regards vers
cette partie du monde qui m'était interdite, je
me mis à pleurer, comme devant la grille d'un
cachot, d'avoir sitôt rencontré les bornes qui
m'étaient prescrites. En effet la portion de la
terre la plus nécessaire à l'intelligence de l'ensemble m'était fermée, et je voyais dès l'abord
le fruit de mes travaux réduit à de simples
fragments. O mon cher Adalbert, qu'est-ce donc
que toute l'activité des hommes ?

Souvent au fort de l'hiver austral, m'élan-
çant du cap Horn, bravant le froid, la mer et
les tempêtes, je me suis risqué, avec une au-
dace téméraire, sur des glaces flottantes, et
j'ai cherché à m'ouvrir par le glacier polaire un
passage vers la Nouvelle-Hollande, même sans
m'inquiéter du retour, et dût ce pays affreux
se refermer sur moi comme mon tombeau. Mais
en vain : mes yeux n'ont point encore vu la Nouvelle-Hollande. Après ces tentatives infructueuses, je revenais toujours au promontoire de Lamboc, où, m'asseyant la face tournée vers le levant ou le midi, je pleurais mon impuissance.

Enfin, je m'arrachai de ce lieu, et, le cœur
plein de tristesse, je rentrai dans l'intérieur de
l'Asie. J'en parcourus les parties que je n'a-
vais pas encore visitées, et je m'avançai vers

l'occident en devançant l'aurore. J'étais avant le jour dans la Thébaïde, à la grotte que j'avais marquée la veille pour mon habitation.

Dès que j'eus pris quelque repos, et que le jour éclaira l'Europe, je songeai à me procurer tout ce qui m'était nécessaire. D'abord il fallut songer au moyen d'enrayer ma chaussure vagabonde; car j'avais éprouvé combien il était incommode d'être obligé de l'ôter chaque fois que je voulais raccourcir le pas, ou examiner à loisir quelque objet voisin. Des pantoufles que je mettais pardessus mes bottes produisirent exactement l'effet que je m'en étais promis, et je m'accoutumai plus tard à en avoir toujours deux paires sur moi, parce qu'il m'arrivait souvent d'en jeter une, sans avoir le temps de la ramasser, quand des lions, des hommes ou des ours m'interrompaient dans mes travaux, et me forçaient à fuir. Ma montre, qui était excellente, pouvait, dans mes courses rapides, me servir de chronomètre. J'avais encore besoin d'un sextant, de quelques instruments de physique et de quelques livres.

Je fis pour acquérir tout cela quelques courses dangereuses à Paris et à Londres. Un ciel couvert me favorisa. Quand le reste de mon or fut épuisé, j'apportai en paiement des dents d'éléphant, que j'allai chercher dans les déserts de l'Afrique, choisissant celles dont le poids n'excédait pas mes forces. Je fus bientôt pourvu de tout ce qu'il me fallait, et je commença mon nouveau genre de vie.

Je parcourais incessamment la terre en mesu-

3.

rant les hauteurs, en interrogeant les sources,
en étudiant l'atmosphère. Tantôt j'observais des
animaux, tantôt je recueillais des plantes ou des
échantillons de roches. Je courais des tropiques
aux pôles, d'un continent à l'autre, répétant
ou variant mes expériences, rapprochant les
productions des régions les plus éloignées, et
jamais ne me lassant de comparer. Les œufs
des autruches de l'Afrique et ceux des oiseaux
de mer des côtes du nord formaient, avec les
fruits des tropiques, ma nourriture accoutumée.
— La nicotiane adoucissait mon sort, et l'a-
mour de mon fidèle barbet remplaçait pour moi
les doux liens auxquels je ne pouvais plus pré-
tendre. Quand, chargé de nouveaux trésors, je
revenais vers ma demeure, ses bonds joyeux et
ses caresses me faisaient encore doucement sentir que je n'étais pas seul dans le monde.

Il fallait l'aventure que je vais raconter pour
me rejeter parmi les hommes.

X

Un jour que, sur les côtes de Nowège, mes pantoufles à mes pieds, je recueillais des lichens et des algues, je rencontrai au détour d'une falaise un ours blanc, qui se mit en devoir de m'attaquer. Je voulus pour l'éviter jeter mes pantoufles et passer sur une île éloignée, qu'une pointe de rocher à fleur d'eau, s'élevant dans l'intervalle, me donnait la facilité d'atteindre. Je plaçai bien le pied droit sur ce rescif, mais je me précipitai de l'autre côté dans la mer, parce que ma pantoufle gauche était, par mégarde, restée à mon pied.

Le froid excessif de l'eau me saisit, et j'eus peine à me sauver du danger imminent que je courais. Dès que j'eus gagné terre, je courus au plus vite vers les déserts de la Libye, pour m'y sécher au soleil. Mais ses rayons brûlants, auxquels je m'étais inconsidérément exposé, m'incommodèrent en me donnant à plomb sur la tête. Je me rejetai d'un pas mal assuré vers le nord; puis, cherchant par un exercice violent à me procurer quelque soulagement, je me mis à courir de toutes mes forces d'orient en occident, et d'occident en orient. Je passais incessamment du jour à la nuit et de la nuit au jour, et chancelais du nord au sud et du sud au nord, à travers tous les climats divers.

Je ne sais combien de temps je roulai ainsi

d'un côté du monde à l'autre. Une fièvre ardente embrasait mon sang. Je sentais, avec la plus extrême anxiété, mes forces et ma raison m'abandonner. Le malheur voulut encore que dans cette course désordonnée je marchasse sur le pied de quelqu'un, à qui sans doute je fis mal. Je me sentis frapper, je tombai à terre, et je perdis connaissance.

J'étais, lorsque je revins à moi, mollement couché dans un bon lit, qui se trouvait au milieu de plusieurs autres, dans une salle vaste et d'une extrême propreté. Une personne était à mon chevet, d'autres se promenaient dans la salle allant d'un lit à l'autre. Elles vinrent au mien et s'entretinrent de moi. Elles ne me nommaient que numéro douze, et cependant sur une table de marbre noir, fixée au mur en face de moi, était écrit bien distinctement mon nom :

PIERRE SCHLÉMIHL

en grosses lettres d'or. Je ne me trompais pas, ce n'était pas une illusion, j'en comptais toutes les lettres. Au dessous de mon nom étaient encore deux lignes d'écriture, mais les caractères en étaient plus fins, et j'étais encore trop faible pour les assembler. Je refermai les yeux.

J'entendis prononcer distinctement et à haute voix un discours, dans lequel il était question de Pierre Schlémihl, mais je n'en pouvais pas encore saisir le sens. Je vis un homme d'une figure affable et une très belle femme vêtue de noir s'approcher de mon lit. Leurs physionomies ne m'étaient point étrangères ; cependant, je ne pouvais pas encore les reconnaître.

Je repris des forces peu à peu ; je m'appelais numéro douze, et numéro douze passait pour un juif à cause de sa longue barbe, mais n'en était pas pour cela traité avec moins de soin ; on paraissait ignorer qu'il eût perdu son ombre. On conservait, me dit-on, mes bottes avec le reste des effets trouvés sur moi à mon entrée dans la maison, pour m'être scrupuleusement restitués à ma sortie. Cette maison, où l'on me soignait dans ma maladie, s'appelait *Schlemihlium*. Ce que j'entendais réciter tous les jours était une exhortation à prier Dieu pour Pierre Schlémihl, fondateur et bienfaiteur de l'établissement. L'homme affable que j'avais vu près de mon lit était Bendel ; la dame en deuil était Mina.

Je me rétablis dans le Schlemihlium sans être reconnu, et je reçus différentes informations. J'étais dans la ville natale de Bendel, où, du reste de cet or, jadis maudit, il avait fondé sous mon nom cet hospice, dans lequel un grand nombre d'infortunés me bénissaient chaque jour. Il surveillait lui-même ce charitable établissement. Pour Mina, elle était veuve ; un malheureux procès criminel avait coûté la vie à M. Rascal, et absorbé en même temps la plus grande partie de sa dot. Ses parents n'étaient plus, et elle vivait dans ce pays retirée du monde, et pratiquant les œuvres de miséricorde et de charité.

Elle s'entretenait un jour avec M. Bendel près du lit n° 12 : « Pourquoi donc, Madame, lui dit-il, venez-vous si souvent vous exposer à l'air dangereux qui règne ici ? Votre sort est-

il donc si amer que vous cherchiez la mort? —
Non, mon respectable ami, rendue à moi-
même, depuis que mes songes se sont dissi-
pés, je suis satisfaite, et ne souhaite ni ne
crains plus la mort. Je contemple avec une
égale sérénité le passé et l'avenir ; et ne goû-
tez-vous pas vous-même une secrète félicité à
servir aussi pieusement que vous le faites votre ancien maître et votre ami? — Oui, Madame, grâce à Dieu. Quelle a été notre destinée ! nous avons inconsidérément, et sans y réfléchir, épuisé toutes les joies et toutes les
douleurs de la vie ; la coupe est vide aujour-
d'hui. Il semblerait que le seul fruit que nous
ayons recueilli de l'existence fût la prudence
qu'il nous eût été utile d'avoir pour en fournir
la carrière, et l'on serait tenté d'attendre qu'a-
près cette instructive répétition la scène véritable se rouvrît devant nous. Cependant une tout
autre scène nous appelle, et nous ne regrettons
pas les illusions qui nous ont trompés, dont
nous avons joui, et dont le souvenir nous est
encore cher. J'ose espérer que, comme nous,
notre vieil ami est aujourd'hui plus heureux qu'il
ne l'était alors. — Je trouve en moi la même
confiance, répondit la belle veuve. » Et tous
deux passèrent devant mon lit et s'éloignèrent.

Cet entretien m'avait profondément affecté,
et je balançais en moi-même si je me ferais
connaître ou si je partirais inconnu. Enfin je
me décidai ; je me fis donner du papier et un
crayon, et je traçai ces mots :

« Votre vieil ami est, ainsi que vous, plus
heureux aujourd'hui qu'il ne l'était alors ; et s'il

expie sa faute, c'est après s'être réconcilié. »

Puis, je demandai, me trouvant assez fort, à me lever. On me donna la clef d'une petite armoire qui était au chevet de mon lit ; j'y retrouvai tout ce qui m'appartenait. Je m'habillai ; je suspendis par dessus ma kourtke noire ma boîte à botaniser, dans laquelle je retrouvai, avec plaisir, les lichens que j'avais recueillis sur les côtes de Norwège le jour de mon accident. Je mis mes bottes, plaçai sur mon lit le billet que j'avais préparé, et, dès que les portes s'ouvrirent, j'étais loin du Schlemihlium, sur le chemin de la Thébaïde.

Comme je suivais le long des côtes de la Syrie la route que j'avais tenue la dernière fois que je m'étais éloigné de ma demeure, j'aperçus mon barbet, mon fidèle Figaro, qui venait au devant de moi. Cet excellent animal semblait chercher, en suivant mes traces, un maître que sans doute il avait long-temps attendu en vain. Je m'arrêtai, je l'appelai, et il accourut à moi en aboyant et en me donnant mille témoignages touchants de sa joie. Je le pris dans mes bras, car assurément il ne pouvait suivre, et je le portai jusque dans ma cellule.

Je revis ce séjour avec une joie difficile à exprimer ; j'y retrouvai tout en ordre, et je repris, petit à petit, et à mesure que je recouvrai mes forces, mes occupations accoutumées et mon ancien genre de vie. Mais le froid des pôles ou des hivers des zônes tempérées me fut long-temps insupportable.

Mon existence, mon cher Adelbert, est encore aujourd'hui la même. Mes bottes ne s'usent point, elles ne perdent rien de leur vertu, quoique la savante édition que Tickius nous a donnée *de rebus gestis Pollicilli* me l'ait d'abord fait craindre. Moi seul je m'use avec l'âge; mais j'ai du moins la consolation d'employer ces forces que je sens décliner, à poursuivre avec persévérance le but que je me suis proposé. Tant que mes bottes m'ont porté, j'ai étudié notre globe, sa forme, sa température, ses montagnes, les variations de son atmosphère, sa force magnétique, les genres et les espèces des êtres organisés qui l'habitent. J'ai déposé les faits avec ordre et clarté dans plusieurs ouvrages, et j'ai noté en passant, sur quelques feuilles volantes, les résultats auxquels ils m'ont conduit, et les conjectures qui se sont offertes à mon imagination. Je prendrai soin qu'avant ma mort mes manuscrits soient remis à l'université de Berlin.

Enfin, mon cher Adelbert, c'est toi que j'ai choisi pour dépositaire de ma merveilleuse histoire, dans laquelle, lorsque j'aurai disparu de dessus la terre, plusieurs de ses habitants pourront trouver encore d'utiles leçons. Quant à toi, mon ami, si tu veux vivre parmi les hommes, apprends à révérer, d'abord l'ombre, ensuite l'argent. Mais si tu ne veux vivre que pour toi et ne satisfaire qu'à la noblesse de ton être, tu n'as besoin d'aucun conseil.

FIN.

Paris. Typ. A. Parent, rue Monsieur-le-Prince, 31.